Hubert Eichheim · Günt

Mit Erfolg zum Zertifikat

Testheft

Modelltests · Lösung der Übungen
Transkriptionen der Hörtexte

Klett Edition Deutsch

Redaktion: Herrad Meese, München

1. Auflage   1 ⁵ ⁴ ³ | 1996   95   94   93

Alle Drucke dieser Auflage können im Unterricht nebeneinander benutzt werden,
sie sind untereinander unverändert. Die letzte Zahl bezeichnet das Jahr des Druckes.

Herstellung: Jakob Buxeder, München
Umschlag: Werbeberatung Sperber, Nürnberg
Gesamtherstellung: Ludwig Auer GmbH, Donauwörth

ISBN 3-12-675369-8 · Printed in Germany

Inhalt

Vorwort

Für wen ist dieses Buch?
Für Jugendliche und Erwachsene, die seit mindestens 300 Stunden Deutsch lernen.
Für alle, die Deutsch lernen und sich zu Hause systematisch auf die Prüfung „Zertifikat Deutsch als Fremdsprache" vorbereiten wollen.
Für alle, die noch einmal gründlich den Stoff der Grundstufe wiederholen wollen, auch wenn sie das „Zertifikat Deutsch als Fremdsprache" bereits bestanden haben (z. B. für Lerner in der Mittelstufe).
Für Deutschlehrer, die zusätzliches Übungsmaterial für die Grundstufe oder Wiederholungsübungen für die Mittelstufe suchen.
Für Deutschlehrer, die ihre eigenen Grundkenntnisse überprüfen und bestimmte Schwächen beheben wollen.

Was enthält dieses Buch?
Das Testheft besteht aus drei Teilen:
Es enthält einmal Modelltests zu den Fertigkeitsbereichen des „Zertifikat Deutsch als Fremdsprache": Strukturen, Leseverstehen, Hörverstehen, Schriftlicher Ausdruck und Mündlicher Ausdruck.
Es enthält die Lösungen bzw. Lösungsvorschläge zu den Modelltests und zu allen Übungen im Übungsbuch.
Außerdem finden Sie im Testheft die Transkriptionen aller Texte, die auf den beiden Cassetten sind. Das sind die Hörverständnistexte und die Texte zum mündlichen Ausdruck.

Woraus besteht „Mit Erfolg zum Zertifikat?"

„Mit Erfolg zum Zertifikat" besteht aus

1. Übungsbuch	– mit Übungen und systematischen Darstellungen zur Grammatik, zum Lesen, Hören, Schreiben und Sprechen.
2. Testheft	– mit Modelltests zu den fünf Fertigkeitsbereichen, analog zu den Prüfungssätzen des „Zertifikat Deutsch als Fremdsprache"
	– mit Lösungen der Modelltests
	– mit Lösungen bzw. Lösungsvorschlägen zu den Übungen aus dem Übungsbuch
	– mit Transkriptionen der Hörtexte
3. Cassette zum Übungsbuch	mit den Hörtexten für die Übungen zum Hörverstehen und zum mündlichen Ausdruck
4. Cassette zum Testheft	mit den Hörtexten der Modelltests zum Hörverstehen und zum mündlichen Ausdruck.

Wie arbeitet man mit diesem Buch?

Das Testheft dient vor allem der Kontrolle Ihres eigenen Wissens. Es bleibt Ihnen überlassen, wie Sie vorgehen. Sie können mit den Modelltests beginnen, um zu sehen, welchen Lernstoff Sie noch vertiefen möchten. Sie können auch zuerst die Übungen aus dem Übungsbuch auf ihre Richtigkeit hin überprüfen...

Für die Arbeit an „Hörverstehen" und „Mündlicher Ausdruck" ist es sehr wichtig, mit den Cassetten zu arbeiten. Sie sollten auf keinen Fall die Texte, die hier im Testheft abgedruckt sind, vor dem Hören lesen. Sie sollten sie auch nicht beim ersten oder zweiten Hören mitlesen. Erst wenn Sie die Hör- und Sprechaufgaben gelöst haben, können Sie zur Kontrolle auf den gedruckten Text zurückgreifen.

Wir empfehlen Ihnen, ein Arbeitsheft anzulegen, da im Buch meist nicht genügend Platz ist, um die Übungen zu lösen.

Für weitere Informationen zum „Zertifikat Deutsch als Fremdsprache" verweisen wir auf die Broschüre „Das Zertifikat Deutsch als Fremdsprache", hrsg. vom Deutschen Volkshochschulverband und vom Goethe-Institut, Bonn – Frankfurt – München, 4. völlig neu bearbeitete und ergänzte Auflage 1991.

A Modelltests

1. Modelltests zu Strukturen/Wortschatz (Grammatik)

Modelltest 1

<u>Anm.</u>: Sie haben für jeden Test 40 Minuten Zeit. Die Lösungen der Modelltests finden Sie auf S. 74.

Bitte suchen Sie das richtige Wort oder den richtigen Satz und kreuzen Sie an, ob die Lösung a., b., c. oder d. richtig ist.

<u>Beispiel:</u>

Noch so früh! Dann ... ich ja noch etwas bleiben.
- ☒. kann
- b. habe
- c. soll
- d. würde

1. Du wartest schon 10 Minuten? Warum ... du dich denn nicht gesetzt?
- a. bist
- b. wirst
- c. hast
- d. willst

2. Warum bist du denn so früh ...? Hat dir die Party nicht gefallen?
- a. weggegangen
- b. geweggangen
- c. weggeht
- d. weggangen

3. Nur gut, daß du sie mir vorgestellt hast. Sonst ... ich sie bestimmt nicht wieder-erkannt.
- a. sei
- b. hätte
- c. würde
- d. habe

4. Du ... Ursula auf keinen Fall etwas verraten. Ich will sie überraschen.
- a. kannst
- b. darfst
- c. mußt
- d. möchtest

5. Kannst du mich morgen mit dem Auto abholen? – Das ... ich sehr gerne tun.
   - a. darf
   - b. muß
   - d. soll
   - d. will

6. Rolf und Petra, zieht ... bitte an! In 10 Minuten gehen wir.
   - a. sich
   - b. euch
   - c. dich
   - d. Sie

7. ... mir doch bitte ein Bier aus dem Kühlschrank. Ich habe Durst.
   - a. Bring
   - b. Bringst
   - c. Bringen
   - d. Bringe ich

8. Paßt mir der Mantel? – Nein, der ist zu ... .
   - a. enger
   - b. eng
   - c. ein enger
   - d. enge

9. Auf ihren vielen ... Reisen hat sie fast ganz Europa besucht.
   - a. große
   - b. großer
   - c. großen
   - d. groß

10. Kannst du mir mal dein Lineal leihen? Ich habe ... vergessen.
   - a. meins
   - b. mein
   - c. meinen
   - d. meine

11. Habt ihr schon Tickets? – Nein, wir müssen noch ... besorgen.
   - a. diese
   - b. ihnen
   - c. keine
   - d. welche

12. Komm, hier im Shop gibt es modische Hosen! – Nein, in ... Geschäft kaufe ich nicht ein, da ist es zu teuer.
   - a. dem
   - b. einem
   - c. keinem
   - d. welchem

13. Weiß du schon, ... der Streik aufhört?
    a. was
    b. wenn
    c. wann
    d. wieviel

14. Milch mag ja gesund sein, aber ich trinke ... Apfelsaft.
    a. mehr gerne
    b. lieber
    c. mehrere
    d. das liebste

15. Dir schmeckt also Apfelsaft ... Milch? – Ja.
    a. besser von
    b. am besten als
    c. mehr von
    d. besser als

16. Leider habe ich nicht ... geachtet, was sie gesagt hat.
    a. darauf
    b. das
    c. dazu
    d. darüber

17. Hast du ein neues Auto? – Nein, das ist das Auto ... .
    a. meines Vaters
    b. mein Vater
    c. aus meinem Vater
    d. meinem Vater

18. Alle aus dem Ausland ... Reisenden müssen durch die Zollkontrolle.
    a. kommen
    b. gekommenden
    c. kommenden
    d. gekommen

19. Entschuldigung, können Sie mir bitte sagen, ... dieser Weg führt?
    a. woher
    b. wohin
    c. wo
    d. wozu

20. Es ist noch nicht bekannt, ... der Vortrag morgen stattfindet.
    a. ob
    b. so daß
    c. nachdem
    d. wenn

21. Dort drüben, das ist das Haus, ... wir früher gewohnt haben.
    a. wohin
    b. in das
    c. das
    d. in dem

22. Viele Menschen verbringen ihre Ferien ... den griechischen Inseln.
    a. in
    b. durch
    c. an
    d. auf

23. Was machst du morgen nachmittag? – Da fahre ich ... meiner Tante Gisela.
    a. zu
    b. bei
    c. von
    d. an

24. Ich halte den Lärm nicht mehr aus. – Hab Geduld, ... einer Woche werden die Bauarbeiten beendet.
    a. seit
    b. in
    c. um
    d. bei

25. Wenn man im Straßenverkehr nicht aufpaßt, hat ... schnell einen Unfall.
    a. er
    b. der
    c. man
    d. jener

26. Es muß immer wieder klar ..., daß das Rauchen gefährlich für die Gesundheit ist.
    a. gesagt hat
    b. gesagt wird
    c. gesagt sein
    d. gesagt werden

27. Der Verkehr auf der Autobahn München–Stuttgart läuft wieder normal. Die Bauarbeiten ... bereits seit einer Woche abgeschlossen.
    a. würden
    b. haben
    c. sind
    d. wollen

28. Hast du etwas von Helmut gehört? – Ja, gestern bin ich ... zufällig begegnet.
    a. ihn
    b. zu ihm
    c. seinem
    d. ihm

29. Dieser Film hat beim Festival in Venedig ... gewonnen.
   a. den ersten Preis
   b. dem ersten Preis
   c. auf dem ersten Preis
   d. für den ersten Preis

30. Ist das wahr, was Peter gesagt hat? – Du, ich glaube ... Wort.
   a. zu ihm kein
   b. ihm kein
   c. ihm keines
   d. ihn keinem

31. Was ist denn passiert? – Ich habe jetzt keine Zeit, aber wenn du willst, ...
   a. ich erzähle dir die Geschichte ein anderes Mal.
   b. ein anderes Mal ich erzähle dir die Geschichte.
   c. erzähle ich dir die Geschichte ein anderes Mal.
   d. erzähle die Geschichte ich dir ein anderes Mal.

32. Es ist schade, ...
   a. daß morgen nicht zu meiner Party du kommen kannst.
   b. daß kannst zu meiner Party du morgen nicht kommen.
   c. daß du morgen nicht zu meiner Party kommen kannst.
   d. daß du kannst morgen zu meiner Party nicht kommen.

33. Ich bedaure, ...
   a. ich dich gestern nicht getroffen zu habe.
   b. dich gestern nicht getroffen zu habe.
   c. ich dich gestern nicht zu treffen habe.
   d. dich gestern nicht getroffen zu haben.

34. Ich weiß gar nicht, was ich anziehen soll! Das Wetter ...
   a. ändert sich andauernd.
   b. wird andauernd geändert.
   c. ändert ihn andauernd.
   d. ändert andauernd.

35. Nachdem er die Schule ..., begann er eine Lehre als Bankkaufmann.
   a. verlassen hatte
   b. verließ
   c. verläßt
   d. verlassen wird

36. Ich habe ... noch keinen Hunger, ... ich esse trotzdem eine Kleinigkeit.
   a. und / aber
   b. entweder / oder
   c. weder / noch
   d. zwar / aber

37. Und Sie wollen sich ein neues Auto kaufen? – Ja, ich denke ... ein neues benzinsparendes Modell.
    a. auf
    b. über
    c. aus
    d. an

38. Ein Sprecher der Opposition meinte, die Wirtschaftspolitik ... sofort geändert werden. Das sei unbedingt notwendig.
    a. mußte
    b. muß
    c. müsse
    d. mußt

39. Unterwegs war ein Verkehrsstau. ... bin ich etwas zu spät gekommen.
    a. Deshalb
    b. Weil
    c. Denn
    d. Warum

40. Sei doch endlich mal still. Du ... mich andauernd, wenn ich etwas sage.
    a. unterbrechen
    b. unterbricht
    c. unterbrechst
    d. unterbrichst

41. Fahrt schon los! Ich komme in einer ... nach.
    a. Uhr
    b. Stunde
    c. Wecker
    d. Reise

42. Sind Sie mit unserem Vorschlag ...? – Nein, ich stimme nicht zu.
    a. einverstanden
    b. vertraut
    c. vernünftig
    d. klar

43. Ich komme bestimmt, aber ... nach 9 Uhr.
    a. fast
    b. nur
    d. ganz
    d. erst

44. Bitte seid ... da, der Film fängt um 16.15 Uhr an.
    a. pünktlich
    b. genau
    c. sicher
    d. nur

45. Ohne ... bekommen Sie dieses Medikament in keiner Apotheke.
    a. Leitung
    b. Empfehlung
    c. Rezept
    d. Auftrag

46. Er ..., daß er Auto fahren kann. – Unmöglich, er hat doch gar keinen Führer-schein.
    a. bestimmt
    b. behauptet
    c. beobachtet
    d. bedauert

47. Hast du noch etwas Tee? – Tee ist leider keiner mehr ..., nur noch Kaffee.
    a. fest
    b. üblich
    c. fällig
    d. übrig

48. Gestern war ein ... Tag. Da haben wir einen Ausflug in den Schwarzwald gemacht.
    a. herrlicher
    b. natürlicher
    c. lieber
    d. freundlicher

49. Die Streikenden ... höhere Löhne und bessere Arbeitsbedingungen.
    a. bedienten
    b. erkannten
    c. forderten
    d. suchten

50. Ich werde ... kommen, aber wahrscheinlich etwas später.
    a. fast
    b. gelegentlich
    c. auf alle Fälle
    d. auf keinen Fall

51. Warum hast du so viele ...? Du kennst doch meine Freunde gar nicht.
    a. Aussichten
    b. Vorurteile
    c. Vorsichten
    d. Worte

52. Sie sollen ... Frau Lutz anrufen. Es eilt sehr.
    a. nebenbei
    b. übrig
    c. wesentlich
    d. dringend

53. Darf ich mir noch ein Stück Torte ...? Sie schmeckt hervorragend.
    a. nehmen
    b. geben
    c. bekommen
    d. tun

54. Wann bekommst du denn Geld vom Arbeitsamt? – Das dauert noch. Zuerst muß ich einen ... stellen.
    a. Auftrag
    b. Bescheid
    c. Antrag
    d. Versuch

55. Kann ich mitkommen? – ..., wenn die anderen nichts dagegen haben.
    a. Jedenfalls
    b. Meinetwegen
    c. Gerade
    d. Endlich

56. Es ist noch nicht entschieden, wo im Jahre 2000 die Olympischen Spiele ... .
    a. werden
    b. wohnen
    c. passieren
    d. stattfinden

57. Besuchst du deine Tante oft? – Nein, ziemlich ... .
    a. niedrig
    b. nebenbei
    c. selten
    d. regelmäßig

58. Kannst du mir ..., daß das, was du sagst, stimmt?
    a. beweisen
    b. verraten
    c. reden
    d. verlangen

59. Sind Sie ... 50? Das sieht man Ihnen gar nicht an.
    a. höchstens
    b. schon
    c. erst
    d. jedenfalls

60. Wer räumt denn die Küche auf? – ...
    a. Das klappt gar nicht!
    b. Das kommt nicht in Frage!
    c. Das kommt nicht zur Sache.
    d. Das ist doch nicht meine Sache!

Modelltest 2

Zeit: 40 Minuten

Bitte suchen Sie das richtige Wort oder den richtigen Satz und kreuzen Sie an, ob die Lösung a., b., c. oder d. richtig ist.

<u>Beispiel:</u>

Noch so früh! Dann ... ich ja noch etwas bleiben.

       X. kann
       b. habe
       c. soll
       d. würde

1. Hast du denn dein Geld gefunden? – Ja, ich ... es in meiner Handtasche gehabt.
       a. werde
       b. habe
       c. bin
       d. muß

2. Du mußt ..., der Unterricht fängt in 10 Minuten an.
       a. sich beeilen
       b. dich zu beeilen
       c. beeilt werden
       d. dich beeilen

3. Nächste Woche beginnen die Ferien. – Ja, ich freue mich schon ... .
       a. auf es
       b. worauf
       c. auf
       d. darauf

4. Keiner weiß, ... das Konzert plötzlich abgesagt wurde.
       a. wenn
       b. als
       c. warum
       d. womit

5. Ich soll sie anrufen, ...
       a. aber ihre Telefonnummer ich weiß nicht.
       b. aber ich ihre Telefonnummer nicht weiß.
       c. aber ich nicht weiß ihre Telefonnummer.
       d. aber ich weiß ihre Telefonnummer nicht.

6. Haben Sie schon die Reifen ...? Ich glaube, es fehlt etwas Luft.
       a. gekontrolliert
       b. gekontrollieren
       c. kontrollt
       d. kontrolliert

7. Was ist? Hast du ... denn nicht über das Geschenk gefreut?
   a. sich
   b. dein
   c. dich
   d. ihn

8. Die heutigen Autos sind ...
   a. sicherer als die alten.
   b. sicherer von den alten.
   c. mehr sicher von den alten.
   d. am sichersten als die alten.

9. Als ich auf den Bahnsteig kam, ...
   a. gerade der Zug aus Hamburg einfuhr.
   b. gerade fuhr der Zug aus Hamburg ein.
   c. einfuhr der Zug aus Hamburg gerade.
   d. fuhr der Zug aus Hamburg gerade ein.

10. Kennst du dich hier aus? – Nein, ich weiß auch nicht, ... wir uns im Augenblick befinden.
    a. ob
    b. wo
    c. wohin
    d. wann

11. Als wir uns dem Spielplatz näherten, kamen uns viele ... Kinder entgegen.
    a. lachende
    b. gelachte
    c. gelachen
    d. lachen

12. Schade, daß es regnet. Ich ... so gerne spazierengegangen.
    a. war
    b. möchte
    c. würde
    d. wäre

13. Die Tatsache, ..., scheint vielen Autofahrern nicht bekannt zu sein.
    a. Autofahren ist sehr gefährlich
    b. das sehr gefährliche Autofahren
    c. daß Autofahren sehr gefährlich ist
    d. daß sehr gefährliche Autofahren

14. Warum arbeitest du denn nachts? – Da kann ich mich ... konzentrieren.
    a. besser
    b. lieber
    c. größer
    d. mehrer

15. Ich komme erst um 4 Uhr, weil ich vorher noch etwas ... .
    a. erledigen zu muß
    b. erledige zu muß
    c. erledige müssen
    d. erledigen muß

16. Ich rate dir, ... Morgen gibt es bestimmt keine mehr.
    a. heute zu besorgen die Eintrittskarten
    b. die Eintrittskarten heute zu besorgen
    c. du die Eintrittskarten heute zu besorgen
    d. du die Eintrittskarten heute zu besorgst

17. Ich danke ... Hilfe. Alleine wäre ich noch nicht fertig.
    a. Ihnen von Ihrer
    b. zu Ihnen für Ihre
    c. Sie für Ihre
    d. Ihnen für Ihre

18. Das erste Tor fiel überraschend, ... es niemand erwartete.
    a. ob
    b. was
    c. wann
    d. als

19. Kommst du mit spazieren? – Nein, bei ... Wetter bleibe ich zu Hause.
    a. man
    b. welchem
    c. diesem
    d. deinem

20. Müssen wir jetzt noch abwaschen? – Nein, die Teller ... bereits gespült.
    a. bleiben
    b. ist
    c. haben
    d. sind

21. Meine Damen und Herren, bitte ... nicht mehr. Das Flugzeug landet in wenigen Minuten.
    a. raucht
    b. rauchen Sie
    c. rauchst
    d. rauchen

22. Ist das deine Hose? – Nein, das ist die Hose meiner ... Schwester.
    a. jüngerer
    b. jünger
    c. jüngeren
    d. jüngere

23. Wann hast du das Abitur gemacht? – ... fünf Jahren.
    a. Vor
    b. Seit
    c. Von
    d. Bis

24. Suchst du ... Füller? Hier ist er.
    a. dein
    b. deins
    c. deinen
    d. deine

25. Fahren Sie zur Frankfurter Automesse? – Nein, da sieht ... ja vor lauter Menschen nichts.
    a. jemand
    b. man
    c. er
    d. dieser

26. Was tut ihr denn so geheimnisvoll? ... ich denn nicht wissen, was ihr besprecht?
    a. Bin
    b. Mag
    c. Will
    d. Darf

27. Wie ist denn Norberts Zeugnis? – Ganz gut. Dieses Jahr sind seine Leistungen ... als im vergangenen Jahr.
    a. bessere
    b. besser
    c. die besseren
    d. besseren

28. Fährst du mit dem Zug? – Nein, mit dem Auto. Da kann ich ... die Landschaft besser ansehen.
    a. mein
    b. mich
    c. mir
    d. sie

29. Georg, kannst du bitte das Bier ... Keller bringen! Es stört hier.
    a. auf den
    b. bei dem
    c. in dem
    d. in den

30. Mit wem fährst du denn morgen zum Baden? – Mit Freunden, ... ich beim Tanzen kennengelernt habe.
    a. denen
    b. die
    c. den
    d. welchen

31. Morgen bleiben alle Geschäfte geschlossen; es ... gestreikt.
    a. wird
    b. ist
    c. werden
    d. soll

32. Bitte korrigieren Sie ..., wenn ich einen Fehler mache. Ich möchte richtiges Deutsch lernen.
    a. mir
    b. mich
    c. mein
    d. ich

33. Eigentlich wollte ich schon früh aufbrechen, aber dann bin ich doch noch bis zum Abend ... meiner Schwester geblieben.
    a. auf
    b. an
    c. zu
    d. bei

34. In Italien ... es sehr viele archäologische Sehenswürdigkeiten.
    a. gebe
    b. gibst
    c. gibt
    d. geben

35. Warum fährst du denn nach Köln? – ... dort ein paar alte Freunde wiederzu-sehen.
    a. Für
    b. Weil
    c. Damit
    c. Um

36. Hast du heute nacht besser ...? – Ja, ich habe eine Schlaftablette genommen.
    a. schlafen konntest
    b. schlafen können
    c. schlafen gekonnt
    d. geschlafen können

37. Warum fahrt ihr denn immer ans Meer und nie in die Berge? – In den Bergen kann man ... schwimmen ... angeln.
   a. nicht / auch
   b. zwar / aber
   c. weder / noch
   d. einerseits / andererseits

38. Man ... auf keinen Fall mit elektrischem Strom in Berührung kommen. Das ist sehr gefährlich.
   a. darf
   b. kann
   c. muß
   d. wird

39. Letztes Jahr ... die Preise nur um drei Prozent.
   a. steigen
   b. steigten
   c. stiegen
   d. stiegten

40. Kommst du mit ins Kino? – Ich ... gerne mit euch ..., aber ich muß noch arbeiten.
   a. würde – kommen
   b. wurde – kommen
   c. kam
   d. kumme

41. Bitte seid ..., ich lese den Text nur einmal vor.
   a. gefährlich
   b. deutlich
   c. vorsichtig
   d. aufmerksam

42. Bist du ... sicher, daß du nichts vergessen hast?
   a. zwar
   b. hoch
   c. viel
   d. ganz

43. Du solltest ihren Vorschlag nicht so schnell .... Denke erst gut darüber nach.
   a. beraten
   b. behaupten
   c. ablehnen
   d. entwickeln

44. Die ... der Weltwirtschaft ist in den letzten Jahren sehr problematisch.
   a. Entwicklung
   b. Empfehlung
   c. Reise
   d. Bewegung

45. Was wiegst du denn? – ... 45 kg, genau weiß ich das nicht.
    a. Ungefähr
    b. Völlig
    c. Gering
    d. Ebenfalls

46. Was hast du denn im letzten Test für eine Note ...?
    a. besucht
    b. empfangen
    c. bekommen
    d. genommen

47. Ich weiß nicht, welche ... Kaffee auf dich hat. Mich macht er nervös.
    a. Leistung
    b. Wirkung
    c. Erinnerung
    d. Untersuchung

48. Du bist noch hier? Ich dachte, du bist ... im Urlaub.
    a. aber fast
    b. schon bestimmt
    c. ganz genau
    d. schon längst

49. Hast du fürs Wochenende schon das Hotelzimmer ...?
    a. bestellt
    b. erreicht
    c. geschlossen
    d. genommen

50. Und man hat dich von heute auf morgen entlassen? – Ja, ich hatte keinen ...
    a. Vertrag
    b. Inhalt
    c. Antrag
    d. Bescheid

51. Das neue Gesetz gilt nur .... Nächsten Monat wird es schon wieder geändert.
    a. gering
    b. ähnlich
    c. vorläufig
    d. übrigens

52. Es war letztlich nur ..., daß alles so gut geklappt hat.
    a. Einfall
    b. Zufall
    c. Vorteil
    d. Größe

53. Ich wollte Sie schon lange mal besuchen, aber es hat nie ... .
   a. getan
   b. genützt
   c. diktiert
   d. geklappt

54. Weißt du das ...? – Ja, ich habe im Lexikon nachgesehen.
   a. wesentlich
   b. bereit
   c. genau
   d. natürlich

55. Dein Fernsehgerät hat aber einen schlechten ... . Vielleicht ist die Antenne kaputt.
   a. Ausdruck
   b. Schaden
   c. Blick
   d. Empfang

56. Warum heiraten die beiden denn? Sie sind doch zwei so ... Menschen.
   a. verschiedene
   b. durcheinandere
   c. getrennte
   d. bestimmte

57. Achten Sie bitte auf diesen Punkt, der ... mir besonders wichtig.
   a. bedeutet
   b. erscheint
   c. hält
   d. liegt

58. Der Lift ist ... . Sie müssen leider zu Fuß gehen.
   a. nicht in Fahrt
   b. außer Ordnung
   c. nicht in Gang
   d. außer Betrieb

59. Du hast ja Fieber. Geh ... ins Bett!
   a. sofort
   b. wahrscheinlich
   c. vorher
   d. etwa

60. Herr Luchs hat sehr viel Geld. Er kann sich alles ..., was er will.
   a. nehmen
   b. erhalten
   c. leisten
   d. geben

Modelltest 3

Zeit: 40 Minuten

Bitte suchen Sie das richtige Wort oder den richtigen Satz und kreuzen Sie an, ob die Lösung a., b., c. oder d. richtig ist.

Beispiel:

Noch so früh! Dann ... ich ja noch etwas bleiben.
- X. kann
- b. habe
- c. soll
- d. würde

1. Immer ... ich bei Hans bin, spielen wir Fußball.
    - a. daß
    - b. als
    - c. wenn
    - d. wie

2. Kannst du dich noch ... erinnern, wann wir am Bahnhof sein sollen?
    - a. woran
    - b. daran
    - c. an das
    - d. ans

3. Hörst du viel klassische Musik? – Nein, ... höre ich Rockmusik.
    - a. das meiste
    - b. am meisten
    - c. am mehrsten
    - d. das mehrste

4. Das da ist Eva? Kaum zu glauben, wie sehr sie im letzten Jahr gewachsen ... .
    - a. hat
    - b. läßt
    - c. bleibt
    - d. ist

5. Sie soll ... nicht über sein Verhalten ärgern. Er ist doch noch viel zu jung.
    - a. euch
    - b. ihn
    - c. ihr
    - d. sich

6. Gibt es was Neues? ...
    - a. Gestern soll in Ulm ein schwerer Unfall passiert sein.
    - b. Gestern in Ulm soll ein schwerer Unfall passiert sein.
    - c. Soll gestern in Ulm ein schwerer Unfall passiert sein.
    - d. Ein schwerer Unfall soll passiert sein gestern in Ulm.

7. Die Regierung hat …, daß neue Arbeitsplätze geschaffen werden müssen.
   - a. entscheidet
   - b. geentschieden
   - c. entgescheidet
   - d. entschieden

8. Wie war denn der Besuch …?
   - a. zu deinem Opa
   - b. dein Opa
   - c. bei deinem Opa
   - d. deinem Opa

9. Was können wir Daniel denn zu Weihnachten schenken? – Er interessiert … spannende Bücher.
   - a. sein doch für
   - b. ihn doch für
   - c. sich doch für
   - d. sich doch auf

10. Weißt du, … die Zugfahrt von Barcelona nach Madrid dauert?
    - a. ab wann
    - b. wann
    - c. was
    - d. wie lange

11. Der … Motorradfahrer konnte nach wenigen Tagen das Krankenhaus wieder verlassen.
    - a. verletzene
    - b. verletzende
    - c. verletzte
    - d. verletzen

12. Sei doch still und unterbrich … nicht andauernd!
    - a. ihm
    - b. ihn
    - c. er
    - d. sein

13. Bitte entschuldigen Sie, … Wir mußten dringend zum Flughafen.
    - a. daß gestern so wenig Zeit wir hatten.
    - b. daß wir hatten gestern so wenig Zeit.
    - c. daß wir gestern so wenig Zeit hatten.
    - d. daß hatten wir gestern so wenig Zeit.

14. Ludwig und Sonja …, mehr für die Schule zu lernen.
    - a. bemühen sich
    - b. werden bemüht
    - c. bemühen ihnen
    - d. bemühen

15. Einen Pullover möchten Sie? ... denn? – Einen Winterpullover für die kalten Monate.
   - a. Wen
   - b. Welchen
   - c. Was für einen
   - d. Wo

16. Frau Berger, machen Sie doch bitte möglichst schnell den Antwortbrief an die Firma Rau + Co. fertig. – Der Brief ... bereits abgeschickt.
   - a. kann
   - b. habe
   - c. hat
   - d. ist

17. Sag mal, kennst du vielleicht ..., der meine alte Kamera kaufen möchte?
   - a. ihn
   - b. jemanden
   - c. man
   - d. er

18. Wann komme ich endlich an die Reihe? Ich warte schon ... zwei Stunden.
   - a. aus
   - b. von
   - c. vor
   - d. seit

19. Erinnerst du dich nicht mehr an Stefan? – Ist das der, ... wir letztes Jahr in Paris kennengelernt haben?
   - a. wen
   - b. der
   - c. den
   - d. zu dem

20. Rudolf, deine Mutter hat angerufen. Du ... um 7 Uhr zu Hause sein.
   - a. willst
   - b. sollst
   - c. hast
   - d. brauchst

21. Sprichst du besser Englisch oder Deutsch? – Englisch kann ich ... Deutsch.
   - a. genau so besser von
   - b. besser mit
   - c. genau so gut wie
   - d. gleich gut mit

22. Leider habe ich gestern nicht zu eurer Party ... . Ich war krank.
   - a. gekommen können
   - b. kommen gekonnt
   - c. kommen können
   - d. gekommen gekonnt

23. Karl! Christa bittet dich, ...
    a. sie morgen früh zu anrufen.
    b. du sie morgen früh anzurufen.
    c. zu anrufen du sie morgen früh.
    d. sie morgen früh anzurufen.

24. Wo wollt ihr denn spielen? – Unten ... der Straße.
    a. auf
    b. in
    c. mit
    d. zu

25. Es ist toll, ... du in diesem einen Jahr alles gelernt hast.
    a. wen
    b. ob
    c. was
    d. wer

26. Wenn er mich nicht andauernd ..., wäre ich schon längst fertig.
    a. stört
    b. stören sei
    d. stören hätte
    d. stören würde

27. Wir sollten nur ... Obst essen.
    a. frische
    b. frischem
    c. frisches
    d. frisch

28. Hat jemand einen Kugelschreiber für mich? – Ja, hier ist ... .
    a. ein
    b. einen
    c. einem
    d. einer

29. Weißt du schon etwas von den Prüfungsergebnissen? – Nein, aber gestern ...
    sie veröffentlicht.
    a. sind
    b. werden
    c. wurden
    d. haben

30. Wo warst du denn, Helmut? – Ich komme gerade ... Spielplatz.
    a. vom
    b. aus dem
    c. von den
    d. aus den

31. Ich muß nachher mein Fahrrad reparieren. – Kann ich ... dabei helfen?
    a. dein
    b. du
    c. dich
    d. dir

32. Ich gehe ziemlich oft ins Kino. – Welcher ... Film hat dir denn am besten gefallen?
    a. neuen
    b. neue
    c. neu
    d. neuem

33. Martin, ... uns doch bitte morgen, das Regal aufzubauen.
    a. helft
    b. helfe
    c. hilf
    d. hilfst

34. Hat Peter ... Hausaufgaben nicht gemacht? – Nein, er war krank.
    a. unseren
    b. seine
    c. ihren
    d. mein

35. Bei den gestrigen Wahlen ist die regierende Partei ... Opposition besiegt worden.
    a. von der
    b. aus der
    c. gegen die
    d. mit der

36. Bist du immer noch hier? – Ja, es regnet so stark. ... warte ich noch.
    a. Dafür
    b. Dieses
    c. Dabei
    d. Deshalb

37. Kommst du heute abend mit ins Kino? – Das geht nicht, ich muß ... kleinen Bruder aufpassen.
    a. auf meinem
    b. nach meinem
    c. auf meinen
    d. über meinen

38. Ich bin einfach mitgekommen, ... fragen, ob es euch recht ist.
    a. damit zu
    b. ohne zu
    c. und zu
    d. daß zu

39. Wohnst du denn in einer ruhigen Gegend? – Ja, ... wäre ich sicher schon umgezogen.
    a. aber
    b. deshalb
    c. sonst
    d. dann

40. Die Fachleute sind der Meinung, diese Erfindung ... das gesamte Verkehrs-system revolutionieren.
    a. wurde
    b. sei
    c. konnte
    d. werde

41. Kommt das Flugzeug ... aus Kairo? – Nein, es macht eine Zwischenlandung in Frankfurt.
    a. gerade
    b. direkt
    c. unbedingt
    d. frei

42. Bitte geben Sie mir ..., wenn der Telefonanruf aus Boston kommt.
    a. Bescheid
    b. Angebot
    c. Wissen
    d. Erfahrung

43. Möchtest du die Schallplatte oder das Buch? Du kannst ... .
    a. feststellen
    b. wählen
    c. nehmen
    d. suchen

44. Jeder Arzt trägt eine hohe ... für die Gesundheit seiner Patienten.
    a. Erfahrung
    b. Empfehlung
    c. Wirkung
    d. Verantwortung

45. Robert hat leider nicht mehr angerufen. ...
    a. Ich finde das sehr schade.
    b. Ich nehme das sehr leider.
    c. Ich glaube das sehr schade.
    d. Ich finde das sehr leider.

46. Und was soll ich tun, Herr Doktor? – Lassen Sie ... Ihren Blutdruck messen.
    a. wesentlich
    b. regelmäßig
    c. fast
    d. selten

47. Warum bist du ... so traurig? Ist etwas passiert?
   a. bereit
   b. fast
   c. sonst
   d. denn

48. Nur wer viel ... hat, kann sicher Auto fahren.
   a. Überzeugung
   b. Erfahrung
   c. Führung
   d. Bedingung

49. Und wo ist Felix? – ... hat er sich verspätet.
   a. Bestimmt
   b. Doch
   c. Kaum
   d. Schwer

50. Obwohl wir uns sehr beeilt haben, haben wir den Zug nicht mehr ... .
   a. genommen
   b. verpaßt
   c. gelungen
   d. erreicht

51. Was ist denn mit Susanne los? Sie hat heute gar keinen guten ... auf mich gemacht.
   a. Ausdruck
   b. Zustand
   c. Empfang
   d. Eindruck

52. Habe ich mich ... ausgedrückt? – Ja, das war klar genug.
   a. tief
   b. rein
   c. deutlich
   d. sicher

53. Verstehst du etwas von Mopeds? Ich möchte mir eins kaufen. – Nein, aber mein Bruder kann dich da ... .
   a. erfahren
   b. beraten
   c. bestellen
   d. verstehen

54. Ich muß das heute unbedingt noch erledigen. Die nächsten Tage bin ich ... auf einer Geschäftsreise.
   a. nämlich
   b. zwar
   c. denn
   d. auch

55. Wo kaufen Sie denn ein? – Bei KAUFA. Da gibt es viele ... Sonderangebote.
      a. reiche
      b. hohe
      c. günstige
      d. schwache

56. Ich möchte gern ..., wann morgen früh ein Zug nach München fährt.
      a. wissen
      b. lernen
      c. kennen
      d. verstehen

57. Chinesisch ist eine ... schwere Sprache.
      a. mehr
      b. groß
      c. viel
      d. ziemlich

58. Gestern habe ich den ganzen Tag ... versucht, dich anzurufen. – Ich war nicht zu Hause.
      a. höchstens
      b. vergeblich
      c. unglücklich
      d. schlecht

59. Wann fährst du nach Mannheim? – ..., in einigen Tagen.
      a. Bald
      b. Kurz
      c. Sofort
      d. Wenig

60. Soll ich für euch auch Eintrittskarten für das Fußballspiel ...?
      a. bekommen
      b. nehmen
      c. mieten
      d. besorgen

Modelltest 4

Zeit: 40 Minuten

Bitte suchen Sie das richtige Wort oder den richtigen Satz und kreuzen Sie an, ob die Lösung a., b., c. oder d. richtig ist.

Beispiel:

Noch so früh! Dann ... ich ja noch etwas bleiben.
  ☒ kann
  b. habe
  c. soll
  d. würde

1. ... Farbe hat denn dein neues Fahrrad? – Es ist rot.
    a. Was für
    b. Wie
    c. Welche
    d. Was

2. Du brauchst ... keine Sorgen zu machen. Dieter ist in wenigen Tagen wieder gesund.
    a. dir
    b. dich
    c. dein
    d. du

3. Schau mal, wie die Stühle aussehen! Ganz kaputt! – Ja, da werden wir wohl neue ... .
    a. kaufen müßt
    b. kauft müssen
    c. gekauft müßt
    d. kaufen müssen

4. Haben Sie Lust, ...
    a. daß Sie morgen mit ins Kino kommen?
    b. auf morgen mit ins Kino zu kommen?
    c. ob Sie morgen mit ins Kino kommen?
    d. morgen mit ins Kino zu kommen?

5. Wenn du in der Stadt bist, erkundige dich doch bitte mal, ... teuer gute Fahrräder sind.
    a. wie
    b. was
    c. wieviel
    d. wo

6. Ihr habt euch nicht verabschiedet und ... so schnell verschwunden.
    a. habt
    b. seid
    c. könnt
    d. werdet

7. Was möchten Sie bitte? – 200 Gramm Wurst, von ... .
   a. keiner da
   b. ihr da
   c. der da
   d. sie da

8. Es freut mich, ... Sie die Prüfung so gut bestanden haben.
   a. daß
   b. ob
   c. woher
   d. als

9. Die kleine Monika hat bald Geburtstag. Ich möchte ... schenken.
   a. sie einem Puppenwagen
   b. sie einen Puppenwagen
   c. zu ihr einen Puppenwagen
   d. ihr einen Puppenwagen

10. Was macht ihr dieses Jahr im Sommer? – Wir hoffen, ...
    a. wir einen ganzen Monat Ferien machen zu können.
    b. wir können einen ganzen Monat Ferien zu machen.
    c. einen ganzen Monat Ferien machen zu können.
    d. können einen ganzen Monat Ferien zu machen.

11. Ich muß morgen früh um 6 Uhr aufstehen. – Soll ich ... wecken?
    a. dir
    b. dich
    c. dein
    d. du

12. Da es sehr heiß war, räumten wir die ... Lebensmittel sofort in den Kühl-
    schrank.
    a. einkaufen
    b. eingekauften
    c. einkaufenden
    d. gekauften ein

13. Gleich trinken wir Tee. Ich muß aber erst noch den Kuchen ... Kühlschrank
    holen.
    a. her dem
    b. von dem
    c. aus dem
    d. von den

14. Ich suche ein Zimmer. Kann ... hier ein billiges Hotel finden?
    a. man
    b. jemand
    c. er
    d. dieser

15. Kann ich dein Buch noch ein paar Tage behalten? ...
    a. Leider habe es ich noch nicht ausgelesen.
    b. Leider ich habe es noch nicht ausgelesen.
    c. Leider noch nicht ich es ausgelesen habe.
    d. Leider habe ich es noch nicht ausgelesen.

16. Nach dem Unfall konnte nicht mehr festgestellt werden, ... das Motorrad gekommen war.
    a. wo
    b. von woher
    c. was
    d. wielange

17. Rudolf und Brigitte waren nur vier Wochen zusammen. Dann haben sie sich schon wieder ... .
    a. getronnen
    b. trennt
    c. getrennen
    d. getrennt

18. Du gehst morgen mit Jutta ins Kino? Und wo wollt ihr ... treffen?
    a. sich
    b. euch
    c. euer
    d. ihr

19. Wie war denn das Stück? – Prima! Es haben viele ... Schauspieler mitgespielt.
    a. bekannt
    b. bekannten
    c. bekannte
    d. bekannter

20. Wissen Sie etwas Neues über das Ende des Streiks? – Darüber ... noch nicht entschieden.
    a. hatte
    b. hat
    c. ist
    d. war

21. Rauchen schadet ... Gesundheit.
    a. der
    b. die
    c. für die
    d. denen

22. Machst du gerne Ferien in den Bergen? – Ja, aber ... Ferien sind die am Meer.
    a. am schöneren
    b. am schönsten
    c. die schönsten
    d. die am schönsten

23. Soll ich den Garten gießen? – Das ... du nicht zu tun, in 5 Minuten regnet es.
   a. willst
   b. brauchst
   c. darfst
   d. kannst

24. Du siehst so fröhlich aus. ... hast du dich denn so gefreut?
   a. Über es
   b. Darüber
   c. Was
   d. Worüber

25. Haben Sie ein Doppelzimmer frei? – Ja, aber nur für zwei Tage. ... Donnerstag kommen neue Gäste.
   a. Am
   b. Im
   c. Um
   d. Zum

26. Wie war denn die Prüfung? – Sehr ... .
   a. leichte
   b. eine leichte
   c. leicht
   d. die leichte

27. Klaus! Hans! ... endlich zum Essen! Wie oft soll ich euch noch rufen?
   a. Sie kommen
   b. Kommt
   c. Kommst
   d. Komme

28. Wann gehst du denn endlich ... Zahnarzt? – Morgen früh.
   a. zum
   b. beim
   c. am
   d. im

29. Waren deine Freunde in London? – Ja, zuerst. Aber dann ...
   a. sie sind noch eine Woche nach Schottland gefahren.
   b. sie noch eine Woche nach Schottland gefahren sind.
   c. gefahren noch eine Woche sind sie nach Schottland.
   d. sind sie noch eine Woche nach Schottland gefahren.

30. Morgen kommen Pit und Susanne. – Sind das deine Freunde, ... du letztes Jahr in der Türkei warst?
   a. damit
   b. mit denen
   c. mit wem
   d. womit

31. Kommt denn Martin nicht? – Leider kann er nicht kommen. Wir ... ihn auch gerne wiedergesehen.
    a. wären
    b. sein
    c. würden
    d. hätten

32. Was wir heute abend machen? Das müssen wir ... erst einmal überlegen.
    a. uns
    b. sich
    c. sie
    d. euch

33. Wie war's denn gestern im Theater? – Das Stück war viel interessanter ... ich erwartet hatte.
    a. von das
    b. das
    c. als
    d. mit dem

34. Am Jahresende ... von der Regierung die neuesten statistischen Zahlen über die wirtschaftliche Entwicklung bekanntgegeben.
    a. sind
    b. werden
    c. wird
    d. muß

35. Wann fangen denn dieses Jahr die Sommerferien an? – ... Juli.
    a. Die elfte
    b. Am elf
    c. Um elften
    d. Am elften

36. Wie kommen wir denn nach Seelendorf? – Ich frage gleich einmal ... Weg.
    a. zu dem
    b. für den
    c. nach dem
    d. auf den

37. Ist Paul schon da? – Nein, er hat sich verspätet, aber ich warte ... .
    a. darauf
    b. worauf
    c. auf er
    d. auf ihn

38. Nach den Sommerferien war ich so braun, ... ich es noch nie gewesen war.
    a. ob
    b. wie
    c. als
    d. wo

39. Im Fernsehen wurde gemeldet, ein Unbekannter ... eine Bank überfallen. Genaueres sei aber noch nicht bekannt.
   a. hatte
   b. sei
   c. habe
   d. hat

40. Ich habe nicht dich gefragt, ... deinen Freund.
   a. aber
   b. und
   c. auch
   d. sondern

41. Na gut, daß du ... hier bist. Ich warte schon seit zwei Stunden auf dich.
   a. gerade
   b. endlich
   c. leider
   d. genau

42. Hat Rolf immer noch so hohes Fieber? – Nein, sein ... hat sich sehr gebessert.
   a. Zustand
   b. Mut
   c. Verstand
   d. Eindruck

43. Wann brauchen Sie denn das Auto wieder? ... bis morgen?
   a. Stimmt es
   b. Wirkt es
   c. Wird es
   d. Reicht es

44. Hast du noch Eintrittskarten bekommen? – Nein, die sind ... ausverkauft.
   a. sehr
   b. allerdings
   c. etwa
   d. längst

45. Kannst du mir kurz ..., ich schaffe es nicht alleine.
   a. geben
   b. helfen
   c. dienen
   d. bringen

46. Ich komme im ... von Frau Dr. Klöter und soll hier diesen Brief abgeben.
   a. Angebot
   b. Urteil
   c. Auftrag
   d. Antrag

47. Herr Storck kommt gleich zurück. Sie können ... in seinem Büro warten.
    a. inzwischen
    b. fast
    c. zuvor
    d. denn

48. Man hat viele ..., wenn man fremde Sprachen kann.
    a. Gewinne
    b. Eindrücke
    c. Gelegenheiten
    d. Vorteile

49. Wohin soll ich das Buch tun? – Bitte ... Sie es auf den Tisch.
    a. setzen
    b. stellen
    c. legen
    d. hängen

50. Wie alt kann Maria denn sein? – ... 17, sie geht ja noch zur Schule.
    a. Allerdings
    b. Bald
    c. Nur
    d. Höchstens

51. Ich muß morgens unbedingt einen Kaffee trinken. Das ist einfach eine ... .
    a. Erfahrung
    b. Veränderung
    c. Gewohnheit
    d. Größe

52. ... wollten wir noch ein paar Tage bleiben. Doch dann wurde das Wetter schlecht und wir fuhren nach Hause.
    a. Deutlich
    b. Eigentlich
    c. Ziemlich
    d. Gelegentlich

53. Kommt Gisela heute abend mit in die Disco? – Ich habe den ..., daß sie keine Lust hat.
    a. Vorschlag
    b. Ausdruck
    c. Auftrag
    d. Eindruck

54. Bist du noch immer hier? – Ja, ich habe den Bus ... .
    a. verlangt
    b. verloren
    c. verpaßt
    d. vergessen

55. Wie war denn der Flug? – Gut, aber ich habe das Flugzeug ... erreicht.
   - a. fast gleich
   - b. auch bar
   - c. nur etwa
   - d. gerade noch

56. Hat Jörg den Führerschein? – Nein, er ist noch zu ... dafür.
   - a. alt
   - b. neu
   - c. jung
   - d. frisch

57. Kannst du bitte das Licht ...? Ich kann nicht schlafen.
   - a. ausmachen
   - b. schließen
   - c. zumachen
   - d. bekommen

58. Hast du noch Fieber? – Ja, aber ... .
   - a. ich bin schon viel besser
   - b. ich bin schon gut
   - c. es geht mir schon wesentlich besser
   - d. ich glaube es nicht

59. Wurde nur Frau Sommer eingeladen? – Nein, Herr Winter hat ... eine Einladung erhalten.
   - a. aber
   - b. gleich
   - c. etwa
   - d. ebenfalls

60. Bitte stelle das Radio ...! Ich habe Kopfschmerzen.
   - a. niedriger
   - b. tiefer
   - c. leiser
   - d. weniger

2. Modelltests zum Leseverstehen

<u>Anm.</u>: Sie haben 45 Minuten Zeit (je für Text A und B zusammen). Die Lösungen dieser Tests finden sie auf Seite 75.

Lesen Sie zuerst die folgenden Texte.

Text 1A: Der Schwimmer

Sein erster großer Erfolg war der Gewinn einer Goldmedaille bei den Schwimm-Weltmeisterschaften in Ecuador 1982. Im Freistilschwimmen über 200 Meter schlug Michael Groß acht Hundertstelsekunden vor dem amerikanischen Weltrekordler Ambrose Gaines an und wurde Weltmeister. Seitdem gewann er mehrere Medaillen bei den Olympi-
5 schen Spielen in Los Angeles und hält einige Weltrekorde. Kein anderer deutscher Schwimmer war je so erfolgreich.
Knapp zwei Meter groß ist der 83 Kilo schwere Michael, der 1964 geboren wurde. Seine Eltern und er selbst hatten zunächst mit Schwimmen nicht viel im Sinn, bis sein Lehrer Ernst Förster aus Offenbach das Talent des Zehnjährigen beim Schulsport entdeckte. Er
10 trat in den „Ersten Offenbacher Schwimmclub" ein und begann das Training.
Nach zwei Jahren schien das alles zu Ende. Gerade hatte er die ersten Erfolge errungen, da erklärte der Zwölfjährige: „Ich schwimme nicht mehr. Schwimmen macht mir keinen Spaß." Michael war in einem schwierigen Alter. Schulprobleme isolierten den ohnehin kontaktarmen Jungen noch mehr. Er wiederholte eine Klasse und bekam nach einem
15 halben Jahr wieder Lust zu schwimmen.
Michael ist sehr zielstrebig und enorm trainingsfleißig. Doch einmal am Tag Training reicht, ist die Devise von Michael Groß. Soviel wie die Russen und die Amerikaner, die täglich bis zu dreißig Kilometer schwimmen, lehnt er ab. Dafür erarbeitet er seine Erfolge konzentrierter. Über seinem Bett in Frankfurt hängt eine zwei Meter lange
20 Papierbahn, der bis ins kleinste Detail ausgearbeitete Trainingsplan für die ganze Saison. Laufen bis zu 14 Kilometer am Tag, Krafttraining mit Gewichten bis zu 50 Tonnen in einem Trainingsabschnitt oder bis zu 14 Kilometer Schwimmtraining pro Tag.
Für sein Alter ist dieser Michael Groß manchmal schrecklich vernünftig. Gefühle zeigt er selten, spricht lieber ein Wort zuwenig als eins zuviel. So einer mag im Erfolg ein Star
25 sein, aber richtige Freunde findet er kaum. Das Einzelkind ist ein Einzelgänger. Im Schwimmclub ist er beliebt, weil er keine Starallüren hat, aber so recht befreundet ist er auch dort mit keinem. Statt mit einer Freundin (Groß: „Dafür habe ich keine Zeit") beschäftigt er sich mit seiner aufwendigen Stereoanlage, dem Schachcomputer oder seinem Wellensittich. Der Vogel ist für ihn so was wie ein Glücksbringer. Bei fast jedem
30 Wettkampf sitzt Mutter Ursula auf der Tribüne und drückt eine Schwanzfeder, die der Vogel einmal verloren hat. Bis jetzt hat ihm dieser Talisman jedenfalls immer Glück gebracht.
Wenn Michael Groß wollte, könnte er für einige Jahre in die USA gehen. Mehrere Colleges haben ihm Stipendien mit freier Kost und Logis, mit Taschengeld und Auto
35 angeboten, wenn der Weltmeister und Olympiasieger in Zukunft für sie starten würde. Bekannte Vorgänger Michaels wie Hans-Joachim Klein und Hans Fassnacht haben solche Angebote angenommen. Doch vorerst will er bei seinen Eltern und seinem Verein

bleiben. Was nach dem Schwimmen kommt, kann er sich noch nicht vorstellen: „Irgendwas Technisches", sagt er. Früher wollte er unbedingt Pilot werden. Aber das hat er nach einem Vorgespräch bei der Lufthansa aufgegeben: „Die müßten für mich wohl erst ein 40 Cockpit umbauen. Die nehmen keinen über einsneunzig."

Text 1B: Berufspläne

Was macht ein junger Mensch, wenn er sich für einen Beruf entschieden hat? Auch nach einer getroffenen Entscheidung werden eine Menge Fragen auftauchen. Jetzt heißt es, den Berufswunsch zu realisieren, die Zukunft zu planen. Albert Einstein hat einmal gesagt: „Ich denke niemals an die Zukunft, sie kommt früh genug." Ein kluger Kopf – zugegeben –, aber in diesem Punkt hatte er doch unrecht. Gerade für die Berufsplanung 5 ist der Gedanke an die Zukunft sehr wichtig.

Jetzt folgt die Suche nach einem Ausbildungsplatz oder die Bewerbung für einen Studienplatz. Dies mag als der schwerste Schritt erscheinen, da es in der Regel sehr mühselig ist, einen Ausbildungsplatz zu bekommen. Doch wenn man sich entsprechend informiert hat und dann genau weiß, was man will, hat man die wichtigste Voraussetzung, um die 10 Ausbildungsplatzsuche konsequent zu planen.

Wichtig ist bei der Suche nach einem Ausbildungsplatz, daß man so früh wie möglich damit anfängt, eineinhalb bis zwei Jahre vor Schulabschluß. Dabei sind die Augen immer nach Angeboten offenzuhalten.

Hier einige Ratschläge für die Arbeitsplatzsuche: 15

– Studiere regelmäßig die Stellenangebote in den Zeitungen. Denn ein wichtiger Aspekt bei der Stellensuche muß deine Mobilität sein. Nicht für jeden Beruf wird in der ganzen Bundesrepublik ausgebildet. Es kann auch sein, daß an deinem Wohnort kein Ausbildungsplatz für deinen Wunschberuf frei ist, aber 50 km weiter in der nächsten Stadt. 20

– Du kannst dich auch „blind" bei Unternehmen bewerben. Entweder du rufst vorher dort an (Telefonnummern findest du im Branchenverzeichnis) und checkst, ob ein Ausbildungsplatz frei ist, oder du schickst deine Bewerbung direkt dorthin.

– Außerdem kannst du zum Arbeitsamt gehen, um dir einen Überblick über das Stellenangebot in deiner Nähe zu verschaffen. Dort gibt es eine Kartei für Ausbildungsplatz- 25 suchende. Weiß das Arbeitsamt eine passende Stelle für dich, bekommst du Bescheid und kannst dich bewerben.

– Auch solltest du dich bei Eltern, Freunden und Bekannten umhören, ob jemand etwas über freie Ausbildungsplätze weiß.

– Natürlich steht dir auch die Möglichkeit einer Stellensuchanzeige offen. Manche 30 Betriebe inserieren nicht selbst, sondern wählen sich ihre Bewerber unter den Stellengesuchen aus.

Wenn du einen Betrieb gefunden hast, der dich interessiert, geht es an die Bewerbung. Diese besteht aus einem Bewerbungsschreiben, einem Lebenslauf, einem Paßfoto und den Kopien von Zeugnissen. Meist führt nicht gleich die erste Bewerbung zu einem 35 Ausbildungsplatz, deshalb ist es zweckmäßig, mehrere Bewerbungen gleichzeitig wegzuschicken, um längere Wartezeiten zu vermeiden.

Wirst du zu einem Vorstellungsgespräch eingeladen, dann ist dies deine Chance. Bereite dich gründlich darauf vor. Auf einen Einstellungstest, den du eventuell machen mußt, kannst du dich durch besondere Tests zu deinen sprachlichen, rechnerischen und gestalterischen Stärken vorbereiten.

Lösen Sie jetzt die Aufgaben zu den Texten.

Zu den folgenden Aufgaben gibt Ihnen nur der Text die richtige Antwort. Lesen Sie also bei jeder Aufgabe nochmals im Text nach und fragen Sie sich: Habe ich das im Text gelesen? Markieren Sie dann den Buchstaben für die richtige Antwort durch Ankreuzen*. Zu jeder Aufgabe gibt es nur <u>eine</u> richtige Lösung.

(* In der Prüfung erhalten Sie einen Antwortbogen)

zu Text 1A: Der Schwimmer

1. Zeile 1–6
a) Am erfolgreichsten war Michael Groß 1982 in Ecuador.
b) Michael Groß ist der erfolgreichste deutsche Schwimmer aller Zeiten.
c) Nur der amerikanische Weltrekordler war 1982 schneller.
d) Michael Groß war ebenso schnell wie der amerikanische Weltrekordler.

2. Zeile 7–10
a) Ein Lehrer entdeckte, daß Michael ein großes Talent war.
b) Die Eltern von Michael schickten ihn zum Training.
c) Michael wollte von Anfang an Schwimmer werden.
d) Die Eltern von Michael hatten mit ihm besondere Pläne in bezug auf Schwimmen.

3. Zeile 11–15
a) Michael hatte großen Spaß beim Schwimmen.
b) Weil er schwimmen wollte, wiederholte er die Klasse.
c) Er wiederholte die Klasse, um bessere Kontakte mit den anderen Mitschülern zu bekommen.
d) Michael fühlte sich damals sehr isoliert und allein.

4. Zeile 16–18
a) Michael trainiert nicht sehr viel.
b) Michael trainiert nur einmal am Tag.
c) Er trainiert soviel wie die Russen.
d) Er will jeden Tag 30 km schwimmen.

5. Zeile 23–27
a) Michael ist schrecklich.
b) Michael ist sehr vernünftig.
c) Michael spricht sehr gerne.
d) Michael ist unfreundlich.

6. Zeile 27–32
a) Michael Groß hat viele Freunde.
b) Michael Groß beschäftigt sich viel mit seiner Freundin.
c) Sein Vogel ist bei jedem Wettkampf dabei.
d) Michael Groß hat keinen richtigen Freund.

7. Zeile 33–38
a) Michael Groß möchte nicht für einige Jahre in die USA gehen.
b) Michael Groß will später für ein amerikanisches College schwimmen.
c) Er hat in den USA eine Wohnung und ein Auto.
d) Sein Verein hat ihm einen Aufenthalt an einem amerikanischen College angeboten.

8. Zeile 38–41
a) Michael will einmal Pilot werden.
b) Die Lufthansa hat ihm angeboten, Pilot zu werden.
c) Für einen Piloten ist Michael Groß zu groß.
d) Michael will ein Flugzeug umbauen, damit er Platz hat.

zu Text 1B: Berufspläne

9. Zeile 1–5
a) Es ist schwer, sich für einen Beruf zu entscheiden.
b) Vor der Berufsentscheidung sollte ein junger Mensch viele Fragen beantwor-
   ten.
c) Ein junger Mensch sollte sich – wie Einstein – nicht um die Zukunft kümmern.
d) Nach der Berufsentscheidung sollte ein junger Mensch seinen Beruf sorgfältig
   planen.

10. Zeile 7–11
a) Es ist sehr ermüdend, einen Ausbildungsplatz zu finden.
b) Die schwerste Arbeit ist, an die richtigen Informationen über Ausbildungsplätze
   zu kommen.
c) Die Suche nach dem Ausbildungsplatz ist wichtiger als die Bewerbung um
   einen Studienplatz.
d) Die einzige Voraussetzung für einen Ausbildungsplatz ist, daß man weiß, was
   man will.

11. Zeile 15–20
a) Für alle Berufe gibt es Ausbildungsplätze überall in der Bundesrepublik.
b) Für besonders populäre Berufe gibt es in der Regel keine Ausbildungsplätze.
c) Für alle Berufe findet man Ausbildungsplätze, wenn man nur 50 km weit fährt.
d) Oft findet man nur in größerer Entfernung einen Ausbildungsplatz.

12. Zeile 21–23
a) Freie Ausbildungsplätze stehen im Branchenverzeichnis.
b) Nur Blinde sollten sich per Telefon bewerben.
c) Man kann auch bei Firmen anrufen und fragen, ob dort ein Platz frei ist.

d) Man sollte eine Bewerbung immer dann direkt an eine Firma schicken, wenn man vorher dort angerufen hat.

13. Zeile 24–27
a) Nur nach einem Besuch beim Arbeitsamt kann man sich bewerben.
b) Das Arbeitsamt hat einen Überblick über freie Ausbildungsplätze in der Nähe.
c) Das Arbeitsamt registriert alle, die einen Ausbildungsplatz suchen, und vermittelt sie.
d) Das Arbeitsamt hat selber geeignete Stellen für die Ausbildung.

14. Zeile 30–35
a) Über eine Zeitung kann man sich keinen Ausbildungsplatz suchen.
b) Die meisten Firmen suchen über Anzeigen in Zeitungen ihre Mitarbeiter.
c) Bei einer Bewerbung darf man den Lebenslauf nicht vergessen.
d) Wenn man eine Stellensuchanzeige aufgibt, muß man einen Lebenslauf, ein Foto und ein Bewerbungsschreiben mitschicken.

15. Zeile 35–41
a) Wenn man zu einem Vorstellungsgespräch eingeladen wird, ist einem der Ausbildungsplatz meist schon sicher.
b) Selten findet man schon bei der ersten Bewerbung einen Ausbildungsplatz.
c) Wenn man viele Bewerbungen wegschickt, muß man lange auf eine Antwort warten.
d) Durch einen Test kann man sich auf das Vorstellungsgespräch vorbereiten.

Lesen Sie zuerst die folgenden Texte.

Text 2A: Irmgard

Sie wohnt am Stadtrand von Schweinfurt in einer ruhigen Straße mit Mietshäusern mit kleinen Vorgärten. Hier ist sie groß geworden, die 19jährige Irmgard Spahn, jüngstes von fünf Kindern, der Vater Arbeiter bei der Stadtverwaltung, die Mutter gelernte Friseuse. Geld war immer knapp, die 85-Quadratmeter-Wohnung immer zu eng. Trotz-
5 dem hat ihnen nie etwas gefehlt.
Seit zwei Jahren verdient die Tochter Irmgard selbst, wenn auch nicht viel: Sie ist Bürolehrling. Von 500 Mark, die sie ausbezahlt bekommt, liefert sie hundert Mark zu Hause ab und hundert trägt sie zur Sparkasse. Die restlichen 300 gibt sie aus. „Ich kaufe viel und gern", sagt Irmgard, „manchmal viel zu viel". Gemeint sind Kleider. Bruder
10 Udo fragt sie und Ilse, eine der beiden älteren Schwestern. Auch der Rat der Mutter hat großes Gewicht. Irmgard ist das Nesthäkchen, alle lieben Irmgard. Sie will, obwohl ihr im Moment Ausbildung und Beruf sehr wichtig sind, später auf jeden Fall heiraten und mindestens drei Kinder haben. „Weil ich das schön finde, wenn ich so sehe, wie es bei uns zu Hause ist."
15 Von den vier älteren Geschwistern wohnt jetzt nur noch einer in der Familie: Udo, der ist zwanzig und studiert Mathematik. Die Eltern wollten so eine große Familie. Kein Kind oder nur ein Kind, das fände sie traurig, sagt ihre Mutter. Früher hatten die drei jüngeren zusammen das Balkonzimmer, da hat Irmgard immer draußen auf dem Balkon

gesessen und hat mit den Puppen gespielt. In den Kindergarten wollte sie nicht gehen, obwohl ihre Mutter wegen ihrer Arbeit viel weg war. Aber sie hatte ja ihre älteren 20 Geschwister, die mit ihr spielten und auf sie aufpaßten.

In die Schule ist sie dann sehr gern gegangen. Erstmal war sie vom Unterricht begeistert, da sie sehr gute Lehrer hatte. Und dann kam sie mit ihren Mitschülern ausgezeichnet zurecht. In der siebten Klasse Realschule hat der Direktor ihre Mutter kommen lassen und ihr vorgeschlagen, daß Irmgard die Schule wechselt und das Abitur macht. Aber 25 Irmgard wollte einfach nicht weg, ist in der Realschule geblieben und hat nur die mittlere Reife gemacht. Durchschnitt zwei. Sie wäre dann gerne noch auf eine Sprachenschule gegangen, aber das war vom Finanziellen her nicht möglich, weil ihr Bruder ja auch studierte. Also hat sie sich bei verschiedenen Firmen in Schweinfurt um eine Lehrstelle beworben, und als dann von einer Zahnradfabrik die Zusage kam, hat sie sofort unter- 30 schrieben. Diesen Sommer beendet sie ihre Ausbildung als Stenokontoristin und wird dann von der Firma angestellt, was heutzutage nicht selbstverständlich ist. Im Moment nimmt sie noch an einem Englischkurs teil, damit sie in einer Abteilung arbeiten kann, wo Fremdsprachen benötigt werden.

Ihre Freizeit verbringt sie oft in einer Clique. Das sind acht junge Leute, gemischt 35 Jungen und Mädchen. Irmgard ist die Jüngste, der Älteste ist 24. Angefangen haben sie zu dritt, drei Mädchen aus der Berufsschulklasse, bei denen ungefähr gleichzeitig die Freundschaften mit Jungen kaputtgegangen sind. Sie haben sich damals zusammenge- setzt und über ihre Situation geredet, und irgendwann haben sie beschlossen, einen Stammtisch „Verein der einsamen Herzen" zu gründen. Das war zunächst nur Spaß, 40 doch dann haben sie sich regelmäßig dienstags im Café Weinzierl getroffen, und nach und nach sind andere dazugekommen.

Gerade wenn man allein ist, ist so eine Clique wichtig. Vor einem halben Jahr hat sie mit ihrem Freund Schluß gemacht. Aber er gefällt ihr immer noch gut, und sie freut sich, wenn sie ihn von Zeit zu Zeit sieht. So groß ist Schweinfurt ja nicht, da trifft man sich 45 dann schon öfter mal. Vor einigen Wochen hat er ihr gegenüber gemeint, es wären ja nur Kleinigkeiten gewesen, weshalb sie gestritten hätten. Aber es geschah halt immer wie- der. Irmgard war furchtbar eifersüchtig auf alle und auf jeden und hat sich richtig festgeklammert an ihrem Freund. Das Auseinandergehen hat zwei Monate gedauert. Immer wieder haben sie sich zusammengesetzt und gesagt: „Probieren wir's halt noch 50 mal, und wenn wir es echt wollen, dann klappt das auch." So hat es viel mehr weh getan, als wenn sie kurzen Prozeß gemacht hätten.

Damals hat sie viel mit ihren Eltern und ihren Geschwistern geredet. Wenn bei ihr etwas nicht stimmt, dann merken die Eltern das sowieso gleich, dann kommen die auf sie zu und fragen, was los ist. Wenn wirklich SOS bei Irmgard ist, dann ist immer irgend 55 jemand für sie da. Nachts um elf ist sie noch aus dem Bett gekrochen und zu ihrem Bruder hinübergegangen und hat ihn gefragt: „He, du, hast du mal fünf Minuten Zeit für mich?" Dann hat er sich zu ihr ans Bett gesetzt und zugehört. Daß sie mit jemand reden konnte, das hat ihr schon geholfen. Über ihre Zukunft hat sich Irmgard noch wenig Gedanken gemacht. Eigentlich möchte sie noch nicht weg von zu Hause. Ihr gefällt es in 60 ihrer Familie. So schnell wird sie nicht ausziehen. Wenn sie beruflich mal ins Ausland könnte – die Zahnradfabrik hat in Frankreich und in England Niederlassungen –, dann würde sie schauen, daß sie nicht gar so weit wegkommt. Damit sie öfter mal nach Hause fahren kann.

Text 2B: Weg von zu Hause

Von allen Jugendlichen in der Bundesrepublik Deutschland haben 58 Prozent ein gutes bis sehr gutes Verhältnis zum Vater, 73 Prozent zur Mutter. Nur rund ein Prozent hat ein ausgesprochen schlechtes Verhältnis zur Mutter, zum Vater dagegen knapp über fünf Prozent. Von den 16- bis 18jährigen leben noch 80 Prozent mit beiden Eltern zusammen,
5   10 Prozent mit der Mutter allein. Das dürfte jedoch auch finanzielle Gründe haben, denn mehr als 60 Prozent der Jugendlichen sind noch Schüler, 32 Prozent Lehrlinge, und weniger als fünf Prozent haben schon einen Beruf und verdienen Geld.
Während vor 20 Jahren nur 16 Prozent aller Jugendlichen einer Clique angehörten, sind es heute 57 Prozent. Die Zahl der Mädchen entspricht auch der Zahl der Jungen. Für
10   beide Geschlechter ist dabei die gemeinsame Freizeitgestaltung das wichtigste Motiv.

Lösen Sie jetzt die Aufgaben zu den Texten.

Zu den folgenden Aufgaben gibt Ihnen nur der Text die richtige Antwort. Lesen Sie also bei jeder Aufgabe nochmals im Text nach und fragen Sie sich: Habe ich das im Text gelesen? Markieren Sie dann die Buchstaben für die richtige Antwort durch Ankreuzen! Zu jeder Aufgabe gibt es nur eine richtige Lösung.

zu Text 2A: Irmgard

1. Zeile 1–5
a) Irmgards Mutter war das jüngste von fünf Kindern.
b) Irmgard ist in einer ruhigen Straße zu Hause.
c) Irmgard hat den Friseurberuf gelernt.
d) Die Familie von Irmgard hat viel Geld.

2. Zeile 6–9
a) Irmgard kauft von ihrem Geld viele Kleider.
b) Sie gibt ihren Eltern DM 500,– pro Monat.
c) Die Eltern geben Irmgards Geld auf die Bank.
d) Irmgard verdient pro Monat 1000 Mark.

3. Zeile 9–14
a) Bruder Udo und Schwester Ilse fragen Irmgard, welche Kleider sie kaufen sollen.
b) Die Mutter ist Irmgard wichtiger als die Geschwister.
c) Irmgard ist älter als ihre Schwester Ilse.
d) Irmgard findet es zu Hause bei ihrer Familie sehr schön.

4. Zeile 15–21
a) Irmgards Mutter wollte keine Kinder.
b) Irmgard hat früher auf dem Balkon geschlafen.
c) Sie spielte immer mit ihren älteren Geschwistern.
d) Sie mußte in den Kindergarten gehen, da ihre Mutter arbeitete.

5. Zeile 22–27
a) Irmgard war eine gute Schülerin.
b) Sie wollte das Abitur machen.
c) Sie hatte viele Probleme mit ihren Schulkameraden.
d) Sie mußte in der siebten Klasse die Schule wechseln.

6. Zeile 27–29
a) Nach der Mittleren Reife ging Irmgard auf eine Sprachenschule.
b) Sie hatte kein Geld, um auf eine Sprachenschule zu gehen.
c) Ihr Bruder ließ Irmgard nicht auf eine Sprachenschule gehen.
d) Irmgards Bruder studierte auf der Sprachenschule.

7. Zeile 29–34
a) Irmgard hat wegen einer Stelle an eine Zahnradfabrik geschrieben.
b) Irmgard wurde von der Firma angestellt, wo sie die Ausbildung gemacht hatte.
c) Im Sommer beginnt Irmgard eine Ausbildung als Stenokontoristin.
d) Daß Irmgard von der Firma angestellt wird, wo sie gelernt hat, ist nicht selbst-verständlich.

8. Zeile 35–38
a) Irmgard verbringt ihre Freizeit immer in einer Clique von zwei Freundinnen aus der Berufsschulklasse.
b) Die Freundschaften der acht Leute aus Irmgards Clique sind kaputtgegangen.
c) Zuerst bestand die Clique nur aus drei Mädchen, die sich von der Berufsschule her kannten.
d) Die acht jungen Leute kennen sich alle von der Schule her.

9. Zeile 38–42
a) Die Clique nannte sich „Verein der einsamen Herzen".
b) Die acht jungen Leute waren alle sehr einsam.
c) Die Einsamkeit hat Spaß gemacht.
d) Der „Verein der einsamen Herzen" hat sich fast jeden Abend in einem Café getroffen.

10. Zeile 43–46
a) Irmgard hat ihren Freund vor einem halben Jahr in der Clique kennengelernt.
b) Die Freundschaft zwischen Irmgard und ihrem Freund ist zu Ende.
c) Irmgard trifft ihren Freund regelmäßig.
d) Irmgard will ihren Freund überhaupt nicht mehr sehen, weil sie Schluß ge-macht hat.

11. Zeile 46–52
a) Irmgard und ihr Freund versuchten, schnell auseinanderzugehen.
b) Irmgard und ihr Freund probierten es zwei Monate lang, kurzen Prozeß zu machen.
c) Nachdem Irmgard und ihr Freund zwei Monate lang versucht hatten auseinan-derzugehen, klappte es wieder.
d) Irmgard und ihr Freund glaubten, daß es wieder klappt, wenn sie es nur versuchten.

12. Zeile 53–55

a) Die Eltern warteten, bis Irmgard auf sie zukam und sagte, was los ist.
b) Wenn bei Irmgard etwas nicht in Ordnung war, merkte niemand etwas.
c) Irmgard fragte oft ihre Eltern, ob etwas los sei.
d) Die Eltern von Irmgard merken immer, wenn mit ihr etwas los ist.

13. Zeile 59–64

a) Irmgard möchte gern ins Ausland, aber nur so weit, daß sie immer wieder nach Hause kann.
b) Irmgard muß wahrscheinlich nach England oder nach Frankreich. Das will sie gar nicht.
c) England und Frankreich sind weit von Irmgards Heimat entfernt.
d) Wenn Irmgard einmal bei einer Niederlassung ihrer Firma in England oder Frankreich arbeiten könnte, würde sie von zu Hause ausziehen.

zu Text 2B: Weg von zu Hause

14. Zeile 4–7

a) Von den 16–18jährigen leben die meisten noch bei ihren Eltern, weil sie noch Lehrlinge sind.
b) Die meisten Jugendlichen leben noch zu Hause, damit sie ihren Eltern finanziell helfen können.
c) Mehr als 80% aller Jugendlichen wohnen noch zu Hause, weil sie noch kein Geld haben oder nur wenig verdienen.
d) Nur die Schüler leben noch bei ihren Eltern.

15. Zeile 8–10

a) In den Cliquen befinden sich mehr Mädchen als Jungen.
b) In den Cliquen befinden sich Jugendliche, die ihre Freizeit zusammen verbringen.
c) Die Jugendlichen verbringen 57% ihrer Freizeit in den Cliquen.
d) 16% aller Cliquen bestehen aus Jungen und aus Mädchen.

Lesen Sie zuerst die folgenden Texte.

Text 3A: Frisbee

Auch das hat natürlich wieder in Amerika begonnen: Die „Frisbee Pie Company" lieferte vor dem zweiten Weltkrieg der Yale Universität Apfelkuchen auf dünnen Blechtellern in die Mensa. Statt die Teller nach dem süßen Genuß gegen Pfand wieder zurückzugeben, haben die Studenten sie einander zugeworfen.

5 Ob diese Geschichte mehr als nur eine Geschichte ist, weiß heute keiner mehr so genau. Tatsache ist, daß ein schlauer Geschäftsmann im Jahre 1948 auf die Idee kam, sich die Rechte für die fliegenden Teller zu sichern. Er gab dem Objekt den Namen Frisbee, fertigte Wurfscheiben aus Plastik an und verhökerte sie am Strand. Später verkaufte er

die Lizenz an die Firma, die vorher schon den Hula-Hoop-Reifen auf den Markt
gebracht hatte – und die machte ein Millionen-Dollar-Geschäft. 10
Nachdem die Frisbees in Amerika gestartet waren, hat es nicht lange gedauert, bis sie zur
Landung in Europa angesetzt haben. Heute gibt es kaum einen halbwegs freizeitinteres-
sierten Menschen in Deutschland, der nicht wenigstens einmal dieses 100 bis 125 Gramm
leichte Ding zwischen den Fingern gehalten hätte.
Fast jeder, der zum ersten Mal mit der Frisbeescheibe spielt, stellt fest, daß ein elegantes 15
Spiel nicht ganz so leicht ist, wie es aussieht. Der richtige Abwurfdreh aus dem Handge-
lenk ist das A und O – und sicher mit etwas Übung erreichbar. Genauso bedarf das
Auffangen einiger Übung – zu schnell kommt die Plastikscheibe angesegelt, als daß
Anfänger nicht immer wieder den Griff ins Leere verschmerzen müßten. Doch – alles in
allem – ist der Frisbee-Sport ausgesprochen unkompliziert, für jeden Geldbeutel er- 20
schwinglich und ein richtig lustiger Freizeitspaß. Mit einem Durchmesser von 23 bis 30
Zentimeter macht die Wurfscheibe schon lange dem Ball Konkurrenz.
Der Mittelpunkt der Münchner Frisbeefreunde befindet sich im Englischen Garten. Vor
allem auf der großen Wiese vor dem Monopterus schweben die bunten Plastikscheiben
durch die Luft. Und wer das Spiel auch nachts gern treibt, der greift nach Einbruch der 25
Dunkelheit auf einen Leucht-Frisbee zurück.
Inzwischen sind es Millionen, die sich mit der Wurfscheibe trainieren, und längst hat sich
daraus ein Leistungssport entwickelt: In der Bundesrepublik gibt es seit Ende der 70er
Jahre deutsche Meisterschaften, und in den USA sind es bereits mehr als 200 000
organisierte Spieler. Bei Wettbewerben und Meisterschaften wird in sechs Disziplinen 30
um Titel und Ehren gekämpft: Weitwurf, Schwebewurf, Doppelfeldfrisbee, Werfen-
Laufen-Fangen, Freistil und Golf.
Beim Doppelfeld-Frisbee beispielsweise versuchen die Mannschaften (je zwei Spieler),
die Scheibe so ins gegnerische Feld zu schleudern, daß sie dort von keinem aufgefangen
werden kann. 35
Frisbee-Golf besteht aus einem Feld mit neun oder achtzehn Zielkörben, die mit möglichst wenig Würfen erreicht werden müssen.
Im Frisbee-Disc-Freistil ist eigentlich alles erlaubt, solange die Scheibe sich dreht und
schwebt. Sie rotiert auf Fingern, tanzt auf Knien, wirbelt um die Beine – und manch ein
Spieler schlägt dabei noch den Salto rückwärts. Um fit im Frisbee-Freistil zu werden, 40
nehmen amerikanische Profis sogar Gymnastik- und Ballettunterricht. Natürlich gibt es
auch eine Weltmeisterschaft. In der kämpfen nicht nur Frauen und Männer, sondern
auch Hunde. Sie spielen in einer Extraklasse: Die fliegenden Teller müssen meterhoch
aus der Luft geschnappt und zum (menschlichen) Wurfpartner zurücktransportiert werden. Bei uns soll es Hunde geben, die sich auch ohne sportliche Ambitionen an diesem 45
Freizeitspaß beteiligen.

Text 3B: So viele Unfälle wie noch nie zuvor

In diesem Jahr wird in der Bundesrepublik die Zahl der Todesopfer im Straßenverkehr
so niedrig wie noch nie sein; gleichzeitig wird ein Rekord bei der absoluten Zahl der
Unfälle erreicht werden. Das geht aus Hochrechnungen hervor, die das Statistische
Bundesamt in Wiesbaden am Montag veröffentlichte. Danach werden Ende 1987 mit

5　8100 rund 850 Menschen oder 9,5 Prozent weniger als im Jahre 1986 im Straßenverkehr ums Leben gekommen sein. Das ist der niedrigste Stand seit dem Jahre 1953, als mit der statistischen Auswertung dieser Zahlen begonnen wurde. Die Unfallzahl wird mit fast zwei Millionen eine Höchstmarke erreichen.

Die höchste Zahl der Toten im Straßenverkehr hatten die Statistiker im Jahre 1970 mit
10　19 193 ermittelt. Danach „wurde offenbar erkannt, daß es so nicht weitergehen kann", sagte ein Sprecher des Bundesamtes am Montag. „Es gab den Unfallverhütungsbericht der Bundesregierung, und dann kam die Ölkrise. Die Zahl der Toten nahm bis 1974 auf 14 614 ab und blieb dann fünf Jahre relativ gleich. Danach sank sie, unter anderem durch konsequenteres Gurtanlegen." Bei den Verkehrsunfällen verläuft die Kurve seit den
15　fünfziger Jahren nahezu konstant, mit einer leichten Abnahme während der Ölkrisenjahre 1973 bis 1975. Die Millionengrenze wurde im Jahre 1961 erstmals überschritten.

Die Hochrechnungen des Bundesamtes beruhen auf Monatsergebnissen von Januar bis August und auf Vorabzahlen für September und Oktober. Danach wird die Zahl der Verkehrstoten in diesem Jahr um etwa 850 oder 9,5 Prozent unter dem Vorjahresergeb
20　nis liegen. Auch die Zahl der Verletzten wird zurückgehen, und zwar um knapp 20 000 oder 4,3 Prozent auf rund 424 000.

Andererseits mußte die Polizei noch nie so viele Unfälle aufnehmen wie 1987. Bis zum Jahresende werden es rund 1,99 Millionen Unfälle und damit 2,8 Prozent mehr als im Vorjahr sein. Die Unfälle mit Sachschaden stiegen um 70 000 auf 1,66 Millionen. Unfälle
25　mit Personenschaden gingen dagegen um 16 000 oder 4,7 Prozent auf rund 326 000 zurück. Nach den der Behörde bisher vorliegenden Ergebnissen bis August kamen insgesamt rund 550 Verkehrsteilnehmer weniger ums Leben als in den ersten acht Monaten des Jahres 1986. Die Zahl der tödlich verletzten Fußgänger war um 216 oder 20 Prozent niedriger, die der Zweiradfahrer um 181 (13 Prozent) und die der Personenwa
30　gen-Benutzer um 152 (5,2 Prozent). „Der überdurchschnittliche Rückgang bei Zweiradfahrern und Fußgängern hängt wahrscheinlich mit deren verringerter Verkehrsteilnahme wegen des kalten Jahresanfangs und wegen des regnerischen Sommers zusammen", mutmaßte das Amt. Der Sprecher sagte, auch deshalb sehe er die Zahl der Opfer nicht generell weniger werden. „Andererseits haben Witterungseinflüsse auch zu einem deut
35　lich höheren Anteil an Personenschadensunfällen geführt, bei denen Straßenglätte durch Schnee oder Regen eine Rolle spielte." Bei den Unfallursachen, vor allem beim Fehlverhalten der Autofahrer, falle eine überdurchschnittliche Abnahme vor allem bei Vorfahrtsfehlern und beim Fahren unter Alkoholeinfluß auf, schrieb das Amt. Weiter zugenommen hätten aber die Unfallursachen „nicht angepaßte Geschwindigkeit" und
40　„ungenügender Sicherheitsabstand".

Lösen Sie jetzt die Aufgaben zu den Texten.

Zu den folgenden Aufgaben gibt Ihnen nur der Text die richtige Antwort. Lesen Sie also bei jeder Aufgabe nochmals im Text nach und fragen Sie sich: Habe ich das im Text gelesen? Markieren Sie dann den Buchstaben für die richtige Antwort durch Ankreuzen! Zu jeder Aufgabe gibt es nur eine richtige Lösung.

zu Text 3A: Frisbee

1. Zeile 1–4
a) Die Studenten warfen einander den Apfelkuchen zu.
b) Die Studenten warfen einander die Blechteller mit dem Apfelkuchen zu.
c) Die Studenten warfen einander die leeren Blechteller zu.
d) Die Studenten gaben die Teller gegen Pfand zurück.

2. Zeile 5–8
a) Ein Geschäftsmann hatte die Idee, ein Patent auf die fliegenden Teller anzumelden.
b) Die fliegenden Teller gehörten einem Geschäftsmann.
c) 1948 erfand ein Geschäftsmann die fliegenden Teller, die er Frisbee nannte.
d) Die Firma Frisbee hatte die Idee, statt der Blechteller Plastikteller zu produzieren.

3. Zeile 8–14
a) Der Geschäftsmann kaufte die Firma, die den Hula-Hoop-Reifen auf den Markt gebracht hatte.
b) Der Geschäftsmann machte ein Millionengeschäft.
c) Die Firma, die die Lizenz gekauft hatte, machte ihr Hauptgeschäft in Deutschland.
d) Die Firma, die die Hula-Hoop-Reifen auf den Markt gebracht hatte, war auch sehr erfolgreich mit den Frisbees.

4. Zeile 15–19
a) Die Scheibe werfen ist leichter, als man denkt.
b) Um die Scheibe richtig werfen und auffangen zu können, muß man trainieren.
c) Die Scheibe richtig aufzufangen tut weh.
d) Das Spiel mit der Frisbee Scheibe wirkt immer sehr elegant.

5. Zeile 23–26
a) In München spielt man vor allem im Englischen Garten Frisbee.
b) Die Frisbeespezialisten spielen vor allem in der Mitte des Englischen Gartens.
c) Die Münchner spielen vor allem nachts gern Frisbee.
d) Im Englischen Garten darf man nur auf der Wiese vor dem Monopterus Frisbee werfen.

6. Zeile 27–32
a) Millionen betreiben Frisbee als Leistungssport.
b) In den USA treiben mehr als 200 000 Menschen Frisbee als Leistungssport in Vereinen.
c) Frisbee kann man nur als Leistungssport betreiben.
d) Für die Frisbeefreunde ist es eine Ehre, bei Meisterschaften mitmachen zu dürfen.

7. Zeile 33–34
a) Beim Doppelfeldfrisbee gibt es nur zwei Spieler.
b) Beim Doppelfeldfrisbee wird die Scheibe dem Gegner direkt zugeworfen.

c) Beim Doppelfeldfrisbee soll der Gegner die Scheibe möglichst nicht fangen können.

d) Beim Doppelfeldfrisbee darf die Scheibe das eigene Feld nicht verlassen.

8. Zeile 35–41

a) Beim Frisbee-Disc-Freistil muß die Scheibe sich auf einem Finger drehen.

b) Beim Frisbee-Disc-Freistil muß die Scheibe sich möglichst lang drehen und in der Luft halten.

c) Für den Frisbee-Disc-Freistil-Sport muß ein Spieler Gymnastikunterricht nehmen.

d) Wer den Salto rückwärts beherrscht, ist ein guter Frisbee-Disc-Freistil-Sportler.

9. Zeile 41–46

a) Es gibt auch eine Frisbee-Weltmeisterschaft für Frauen und Hunde.

b) Hunde müssen die Teller in die Luft werfen und wieder auffangen.

c) Menschen werfen die Teller in die Luft, die Hunde fangen sie auf und bringen sie zurück.

d) Hunde transportieren die Scheiben zurück, während Männer und Frauen miteinander kämpfen.

zu Text 3B: So viele Unfälle wie noch nie zuvor

10. Zeile 1–8

a) Nach den Berechnungen des Statistischen Amtes gibt es 1987 weniger Tote im Straßenverkehr als 1986.

b) 1987 wird ein Rekordjahr, was die Zahl der Toten im Straßenverkehr betrifft.

c) 1987 wird es weniger Verkehrsunfälle geben.

d) 1953 gab es bisher die meisten Unfälle im Straßenverkehr.

11. Zeile 9–16

a) Von 1970 bis 1974 gab es jährlich mehr Verkehrstote.

b) Von 1970 bis 1974 nahm die Zahl der Toten ab.

c) Von 1970 bis 1974 blieb die Zahl der Toten gleich.

d) Von 1973 bis 1975 blieb die Zahl der Verkehrsunfälle relativ gleich.

12. Zeile 17–21

a) Die Hochrechnungen des Bundesamtes sind identisch mit den Endergebnissen.

b) Nach den Hochrechnungen des Bundesamtes gab es von Januar bis August 20 000 weniger Verletzte.

c) Die Hochrechnungen beruhen auf den Zahlen des ganzen Jahres.

d) Die Zahlen von Januar bis August und die Schätzungen vom September und Oktober ergeben die Hochrechnungen.

13. Zeile 22–26

a) 1987 nahm die Polizei weniger Unfälle auf als 1986.

b) 1987 gab es mehr Unfälle als je zuvor.

c) 1,99 Millionen Unfälle mit Sachschaden registrierte die Polizei 1986.
d) 1987 gab es mehr Unfälle mit Verletzten.

14. Zeile 26–34
a) 1987 gab es weniger Unfälle mit Motorrädern, weil generell weniger Zweiräder am Verkehr teilnahmen.
b) 1987 gab es nur geringfügig weniger Unfälle mit Zweirädern und Fußgängern.
c) Die vielen Fußgänger und Zweiräder auf den Straßen sind verantwortlich für die geringere Zahl an Unfällen.
d) Weil es 1987 im Sommer soviel regnete und zu Jahresbeginn so kalt war, gab es weniger Verkehrsunfälle bei Fußgängern und Zweiradfahrern.

15. Zeile 34–40
a) Alkoholgenuß war ein Hauptgrund für die vielen Unfälle.
b) Nichtbeachtung der Vorfahrt war der Hauptgrund für die Zunahme der Verkehrsunfälle.
c) Unfälle wegen zu hoher Geschwindigkeit nahmen 1987 stark zu.
d) Unfälle durch Fehlverhalten der Autofahrer haben in allen Bereichen zugenommen.

Lesen Sie zuerst den folgenden Text.

Text 4: Ausreißer

Mehr als 40 000 Jugendliche laufen pro Jahr von zu Hause davon. 748 junge Leute wurden 1979 allein in Köln als vermißt gemeldet, davon 526 Mädchen, also mehr als zwei Drittel. Diese Tendenz macht sich auch in anderen Städten bemerkbar. Ein Sozialarbeiter beim Kinder- und Jugendnotdienst in der Feuerbergstraße in Hamburg erklärt den hohen Anteil der Mädchen damit, daß heute schon 13- und 14jährige feste Freundschaf- 5
ten haben und damit mehr als die Jungen auf den Widerstand der Eltern stoßen. Solche Schwierigkeiten sind aber nicht die einzigen Gründe der Ausreißerinnen. Schon sehr früh macht sich heute der Wunsch nach Selbständigkeit und Freiheit bei den Mädchen bemerkbar. Sie wollen freier leben als ihre Mütter und nicht einfach einer vorgeplanten Zukunft folgen, die ihnen keinen Spielraum läßt. Ihnen ist es einfach zu wenig, Hausfrau 10
und Mutter zu werden und finanziell ganz vom Mann abhängig zu sein.
Andere Vorbilder haben die Mädchen aber auch nicht. Die Schule und eine berufliche Karriere bieten ihnen auch nicht viel, zumal es für Mädchen immer schwieriger wird, überhaupt Arbeit zu finden. Sie schließen sich dann Außenseitergruppen wie zum Beispiel den Punks an. Der eigentliche Auslöser zum Abhauen kann dann ganz harmlos 15
sein: Nörgelei wegen ausgefallener Kleidung, Streit wegen schlechter Schulleistungen, Krach ums Taschengeld oder ein Verbot, ins Kino oder in die Disco zu gehen. Die Ausreißtour ist dann auch nur schlecht oder gar nicht geplant, sondern eher eine Kurzschlußhandlung, ohne Geld, ohne genaues Ziel, ohne Gepäck. Während diese Einmalausreißer meistens in den ersten beiden Tagen aufgegriffen werden, freiwillig 20
nach Hause zurückkehren oder sich bei der nächsten Polizeistation melden, weil sie kein

Geld mehr und Hunger haben, verschwinden die sogenannten „Läufer", die jahrelang immer wieder ausreißen, für mehrere Wochen und sogar Monate.

Für sie ist es gefährlich, wenn sie vormittags durch Geschäftsstraßen streifen; denn die Polizei weiß genau, daß Jugendliche zu dieser Zeit in der Schule sein müßten. Deshalb meiden sie die Stadtzentren und auch Bahnhöfe. Jugendliche ohne Gepäck, das ist verdächtig. Auch halten sie sich nicht an Orten auf, wo das Jugendschutzgesetz wirksam ist, also abends nach zehn Uhr in Discotheken.

Die Erfahrung hat die notorischen „Läufer" mißtrauisch gemacht. Einen Polizisten erkennen sie meist schon auf zehn Meter Entfernung, auch wenn er in Zivil ist. Trotzdem gehen die meisten von ihnen der Polizei früher oder später ins Netz, denn auch die Beamten haben einen geschulten Blick für Ausreißer. Gefährdet sind sie alle auf die eine oder andere Weise. Ein Mädchen aus der Kleinstadt, das ohne Kontakte nach München, Berlin oder Frankfurt kommt, kann auf der Suche nach einem Schlafplatz leicht einem Mädchenhändler in die Arme laufen. Die meisten der „Läufer" kennen zwar die Plätze, wo sie Kameraden finden, aber das Leben ohne feste Wohnung, ohne Geld und Ausweispapiere, auf der Flucht vor den Eltern oder der Polizei bringt die Gefahr mit sich, kriminell oder selbst Opfer eines Verbrechens zu werden.

Immer wieder werden Ausreißer von der Polizei erwischt, die gestohlen haben, weil sie kein Geld hatten und hungrig waren. Wenn sie nicht gleich beim ersten Mal ertappt werden, haben sie immer weniger Angst, immer größere Dinge zu drehen. Dabei beschleunigen Drogen und Alkohol die kriminelle Karriere.

Ausreißen ist immer ein Signal: Der Junge oder das Mädchen braucht dringend Hilfe. In den meisten größeren Städten gibt es deshalb Beratungsstellen, die sich besonders um Ausreißer kümmern. So hat zum Beispiel am 15. Juni 1983 in Hamburg der „Kinder- und Jugendnotdienst" seine Arbeit aufgenommen. 19 Sozialarbeiter wechseln sich im Schichtdienst ab, das Telefon ist rund um die Uhr besetzt. Jungen und Mädchen melden sich auch freiwillig, weil sie wissen, daß ihnen nichts passiert. Sie können sogar bis zu sieben Tagen dort bleiben, während die Sozialhelfer in der Zwischenzeit zusammen mit dem Jugendlichen, den Eltern oder dem Jugendamt versuchen, Lösungen für ihre Probleme zu finden.

Ursula Wendisch ist eine, die es ohne fremde Hilfe geschafft hat. Mit 18 kehrte sie in ihre Heimatstadt Hamburg zurück und beendete ihre Ausreißerkarriere. Nach einigen Kurzausflügen in verschiedene deutsche Großstädte war sie in der Schweiz gelandet. Die Motive für ihr häufiges Ausreißen kann Ursula heute nur ungenau beschreiben. „Irgendwie fehlte mir Geborgenheit, meine Mutter ist voll berufstätig, sie mußte uns drei Kinder allein durchbringen. Andererseits hatte ich auch viele Freiheiten."

Ursula wechselte oft die Freundesclique, trank viel Alkohol und schwänzte die Schule. Sie mußte das Gymnasium verlassen. Das war eine Katastrophe für die Familie, die hohe Erwartungen in sie gesetzt hatte. Ihre Mutter gab es bald auf, sie immer wieder von der Polizei suchen zu lassen. In Zürich, der Endstation ihrer Ausreißerlaufbahn, blieb sie ein Jahr. Dort lernte sie den Sohn einer reichen Künstlerfamilie kennen, der sie mit nach Hause nahm. Aber dort herrschten ganz chaotische Zustände. Vater und Mutter waren total zerstritten und der Sohn in einem noch schlimmeren Zustand als Ursula. Diese Verhältnisse paßten damals ganz gut in ihre Ist-ja-doch-alles-egal-Stimmung. Die Hauptsache, daß sie immer genug Geld für Tabletten und Alkohol hatte. Sie machte mit, bis sie nicht mehr konnte. Gesundheitlich ging es dann mit ihr immer mehr bergab, durch die vielen Tabletten hatte sie am ganzen Körper entzündete Beulen.

Eines Tages verließ sie die Familie und trampte zurück nach Hamburg. Nach einer geglückten Entzugstherapie holte sie ihren Realschulabschluß nach und besorgte sich 70 eine Wohnung. Seit Anfang August besucht sie eine Berufsfachschule, sie möchte technische Zeichnerin werden. „Irgendwie war die Zeit damals wichtig für mich", faßt sie ihre turbulente Vergangenheit zusammen. „Ich habe mich ganz allein wieder gefangen. Früher dachte ich immer, überall woanders ist es besser. Das stimmt nicht, deshalb muß ich heute nicht mehr davonlaufen!" 75

Lösen Sie jetzt die Aufgaben zu dem Text.

Zu den folgenden Aufgaben gibt Ihnen nur der Text die richtige Antwort. Lesen Sie also bei jeder Aufgabe nochmals im Text nach und fragen Sie sich: Habe ich das im Text gelesen? Markieren Sie dann den Buchstaben für die richtige Antwort durch Ankreuzen! Zu jeder Aufgabe gibt es nur eine richtige Lösung.

1. Zeile 3–6
a) Junge Mädchen laufen öfter von zu Hause weg, weil sie einen Freund haben. Das akzeptieren die Eltern oft nicht.
b) Mädchen haben mehr Probleme mit den Eltern.
c) Die meisten Mädchen, die von zu Hause weglaufen, sind zwischen 13 und 14 Jahren alt.
d) Die meisten Jugendlichen, die von zu Hause weglaufen, kommen zum Jugend-notdienst.

2. Zeile 7–11
a) Junge Mädchen möchten heutzutage ihre Jugend vorgeplant haben.
b) Junge Mädchen wünschen heutzutage, daß ihnen die Eltern und der Mann etwas mehr finanziellen Spielraum lassen.
c) Jungen Mädchen geht es heute vor allem darum, von Eltern und Mann unab-hängig zu sein.
d) Junge Mädchen wollen möglichst bald Mutter und Hausfrau werden.

3. Zeile 12–15
a) Da es für Mädchen schwer ist, eine Arbeit zu finden, ist die Schule auch nicht interessant. Deshalb landen viele Mädchen bei den Punks.
b) Die Vorbilder in der Schule und im Beruf finden keine Arbeit und werden Punks.
c) Für Punks ist es schwer, eine berufliche Karriere zu machen.
d) Viele Jugendliche landen bei den Punks, nachdem sie keine Arbeit finden und auch keine anderen Vorbilder haben.

4. Zeile 15–19
a) Viele Jugendliche reißen plötzlich ohne schwerwiegenden Grund von zu Hause aus.
b) Die jugendlichen Ausreißer gehen meist erst nach vielen Streitigkeiten mit den Eltern von zu Hause weg.

c) Bevor sie ausreißen, beschaffen sich die Jugendlichen gewöhnlich erst Geld, legen ihre Ziele fest und packen ihre Sachen zusammen.

d) Wenn es in einer Familie ständig Streit wegen der Schulnoten, Krach ums Taschengeld und Discoverbot gibt, ist es ziemlich sicher, daß die Kinder weglaufen.

5. Zeile 19–23

a) Die meisten Jugendlichen reißen nur einmal aus, weil sie ohnehin nach zwei Tagen von der Polizei gefunden werden.

b) Jugendliche, die nur einmal ausreißen, sind meistens nach zwei Tagen wieder zu Hause.

c) Jugendliche, die immer wieder ausreißen, heißen „Läufer", weil sie immer wieder nach Hause kommen, um Geld und Essen zu holen.

d) Essen und Geld zu bekommen, ist das Hauptproblem der Ausreißer.

6. Zeile 24–28

a) Die „Läufer" sind nach 10 Uhr abends hauptsächlich in Discotheken zu finden.

b) Die jugendlichen Ausreißer findet man selten in den Stadtzentren, Bahnhöfen und Discotheken.

c) Die jugendlichen Ausreißer tragen in den Bahnhöfen und Stadtzentren meist kein Gepäck mit sich, damit die Polizei ihre Sachen nicht findet.

d) Da die Jugendlichen am Vormittag in den Schulen sein müßten, sucht die Polizei die Ausreißer nicht in den Geschäftsstraßen.

7. Zeile 29–32

a) Polizisten suchen Ausreißer meist in Zivilkleidung.

b) Zivilkleidung hilft den Polizisten, von den Jugendlichen nicht erkannt zu werden.

c) Die Polizei fängt die Ausreißer mit Netzen.

d) Die Polizei hat ein gutes Gespür dafür, wer von den Jugendlichen auf der Straße Ausreißer ist.

8. Zeile 32–35

a) Die jugendlichen Ausreißer aus der Provinz wissen immer, wo sie in der Stadt schlafen können.

b) In München, Frankfurt und Berlin ist es besonders leicht, einen Schlafplatz zu finden.

c) Die Schlafplätze für Ausreißer gehören meist Mädchenhändlern.

d) Besonders die Mädchenhändler sind eine Gefahr für ausgerissene Mädchen, die in die Großstädte kommen.

9. Zeile 35–38

a) Viele „Läufer" werden kriminell, wenn sie den Eltern oder der Polizei in die Hände fallen.

b) Eltern und die Polizei sind die größten Feinde der „Läufer".

c) Wer von den „Läufern" die Plätze nicht kennt, wo Kameraden sind, gerät in Gefahr, kriminell zu werden.

d) Obwohl die „Läufer" die Plätze kennen, wo Kameraden sind, geraten sie in

Gefahr, kriminell oder Opfer eines Verbrechens zu werden, da sie weder Geld noch Ausweis haben.

10. Zeile 39–42
a) Viele Ausreißer beginnen zu stehlen, weil sie kein Geld und nichts zu essen haben.
b) Die Polizei fängt meist nur Ausreißer, die Geld stehlen.
c) In der Regel werden die Ausreißer erst beim zweiten Diebstahl ertappt.
d) Wer nicht beim ersten Diebstahl ertappt wird, beginnt Drogen und Alkohol zu nehmen.

11. Zeile 43–47
a) Die Polizei bringt die Ausreißer in den größeren Städten zu den Beratungsstellen.
b) Die Beratungsstellen der Städte helfen den Ausreißern mit Rat und Tat.
c) Im Hamburger „Kinder- und Jugendnotdienst" können neunzehn Jugendliche wohnen.
d) Die Beratungsstellen für Ausreißer können nur telefonisch erreicht werden.

12. Zeile 47–51
a) Wer sich an den Beratungsdienst wendet, wird sofort dem Jugendamt und der Polizei gemeldet.
b) Nach sieben Tagen holen die Eltern oder das Jugendamt die Ausreißer ab und bringen sie nach Hause.
c) In den Beratungsstellen werden gemeinsam mit den Eltern, den Jugendlichen und dem Jugendamt Lösungen gesucht.
d) Die Jugendlichen haben Angst davor, sich an die Beratungsstelle zu wenden.

13. Zeile 52–57
a) Ursula ist ausgerissen, weil sie zu Hause keine Freiheit hatte.
b) Ursula ist ausgerissen, weil sie unbedingt in die Schweiz wollte.
c) Ursula ist ausgerissen, um verschiedene deutsche Großstädte kennenzulernen.
d) Ursula weiß nicht genau, warum sie ausgerissen ist.

14. Zeile 58–68
a) Ursula gefiel die Atmosphäre im Haus ihres Freundes.
b) Für Ursula war außer Alkohol und Tabletten nichts mehr wichtig.
c) Ursula wurde krank im Haus ihres Freundes und mußte Tabletten nehmen.
d) Ihr Freund und dessen Familie halfen Ursula, ihre Ausreißerlaufbahn zu beenden.

15. Zeile 69–75
a) Ursula ist mit dem Zug nach Hamburg zurückgefahren.
b) Ursula ist nach Hamburg zurückgegangen, um eine Therapie zu machen und dann ihre Schule zu beenden.
c) Ursula ist nach Hamburg zurückgegangen, um endlich allein wohnen zu können.
d) Ursula ist nach Hamburg zurückgegangen, um ihre Vergangenheit zu vergessen.

3. Modelltests zum Hörverstehen

Anm.: Die Lösungen dieser Modelltests finden Sie auf S. 75.

Modelltest I, Teil A

Text 1: Ausbildungsprobleme

Sie hören jetzt ein Gespräch. Dazu sollen Sie 20 Aufgaben lösen. Bei jeder Aufgabe sollen Sie feststellen: Habe ich das im Text gehört oder nicht?

Gehen Sie so vor:
- Hören Sie zuerst das ganze Gespräch, ohne zu schreiben.
- Spulen Sie die Cassette zurück und hören Sie das Gespräch noch einmal in 4 Abschnitten.
- Jedesmal, wenn Sie den Signalton hören, halten Sie die Cassette für eine Minute an.

Lesen Sie jetzt die Aufgaben 1.–5. zum 1. Abschnitt.
(Sie haben eine Minute Zeit.)

1. Abschnitt   R   F
1. Benno ist in Französisch ziemlich gut.
2. Benno hat keine Lust mehr, in die Schule zu gehen.
3. Annie muß noch drei Jahre lang die Schule besuchen.
4. Es ist leicht, eine Arbeit zu finden.
5. Benno will einen Beruf lernen.

 Hören Sie nun den 1. Abschnitt noch einmal. Beim Hören oder danach markieren Sie die Lösungen.
Fragen Sie sich bei jeder Aufgabe: Habe ich das im Text gehört oder nicht? Wenn ja, markieren Sie R (= richtig), wenn nein, markieren Sie F (= falsch).

Lesen Sie jetzt die Aufgaben Nr. 6.–10. zum 2. Abschnitt.
(Sie haben eine Minute Zeit.)

2. Abschnitt   R   F
6. Benno hat Probleme mit seinen Eltern.
7. Er bekommt kein Taschengeld.
8. Er hat eine eigene Wohnung.
9. Es gibt viele Arbeitslose.
10. Nur mit einem richtigen Beruf hat man Chancen, mehr Geld zu verdienen.

 Hören Sie nun den 2. Abschnitt noch einmal.
Lösen Sie die Aufgaben Nr. 6.–10. zum 2. Abschnitt.

Lesen Sie jetzt die Aufgaben Nr. 11.–15. zum 3. Abschnitt.
(Sie haben eine Minute Zeit.)

3. Abschnitt

	R	F
11. Benno hat sich schon bei zwanzig Banken beworben.		
12. Nur mit einer höheren Schulbildung kann man leicht einen Ausbildungsplatz finden.		
13. Uschi ist Arzthelferin geworden, aber heute arbeitslos.		
14. Benno möchte Medizin studieren.		
15. Annie geht lieber zur Schule, als daß sie als Hilfsarbeiterin arbeitet.		

Hören Sie jetzt den 3. Abschnitt noch einmal.
Lösen Sie die Aufgaben Nr. 11.–15. zum 3. Abschnitt.

Lesen Sie jetzt die Aufgaben Nr. 16.–20. zum 4. Abschnitt.
(Sie haben eine Minute Zeit.)

4. Abschnitt

	R	F
16. Benno war bisher nicht schlecht in der Schule.		
17. Benno mag zwei seiner Lehrer nicht.		
18. Bennos Vater ist beruflich sehr erfolgreich.		
19. Annie rät Benno, zur Berufsberatung zu gehen.		
20. Benno will nicht zum Arbeitsamt gehen.		

Hören Sie nun den 4. Abschnitt noch einmal.
Lösen Sie die Aufgaben Nr. 16.–20. zum 4. Abschnitt.

Modelltest I, Teil B

Im folgenden hören Sie fünf kurze Texte. Gehen Sie so vor:
● Hören Sie jeden Text zuerst an, dann lesen Sie die Aufgaben.
● Spulen Sie die Cassette zurück und hören Sie dann den Text noch einmal.
● Danach wählen Sie die richtige Antwort: Markieren Sie (= kreuzen Sie an), ob die Antwort a), b), c) oder d) richtig ist. Es gibt nur eine richtige Lösung.

Text 2: Bahnhofdurchsage

Wie kommen Sie nach Augsburg?
a) Bleiben Sie in Ihrem Zug sitzen.
b) Mit dem Eilzug über Dortmund.
c) Um 10.38 Uhr auf Gleis 5.
d) Mit dem Eurocity durch die Unterführung auf Gleis 3.

Text 3: Telefonauskunft

Welche Telefonnummer hat Ruth Silken?
a) Sie heißt gar nicht Silken, sondern Rilken.
b) Sie hat eine Telefonnummer unter dem Namen Ida Rudolf.
c) Sie hat die Nummer fünf.
d) Sie hat keinen Telefonanschluß in Berlin.

Text 4: Nachrichten

Was ist mit den Flüchtlingen geschehen?
a) Sie befinden sich in Ungarn.
b) Sie befinden sich in Passau.
c) Sie bekommen bessere und wärmere Unterkünfte.
d) Sie fahren nach Bonn.

 Text 5: Telefonauskunft Museen

Wann kann man die ägyptische Sammlung sehen?
a) jeden Abend
b) den ganzen Faschingsdienstag
c) am Faschingssonntag
d) dienstags bis freitags von 9.00–16.00 Uhr

Text 6: Partnersuche im Radio

Was für eine Frau sucht Thomas?
a) Sie muß 40 Jahre alt sein.
b) Sie muß mit ihm nach Amerika fahren.
c) Sie soll ihm ein halbes Flugticket schenken.
d) Er will, daß sie ihn heiratet.

Modelltest II, Teil A

Text 7: Ferienpläne

Sie hören jetzt ein Gespräch. Dazu sollen Sie 20 Aufgaben lösen. Bei jeder Aufgabe sollen Sie feststellen: Habe ich das im Text gehört oder nicht?

Gehen Sie so vor:
● Hören Sie zuerst das ganze Gespräch, ohne zu schreiben.
● Spulen Sie die Cassette zurück und hören Sie das Gespräch noch einmal in 4 Abschnitten.
● Jedesmal, wenn Sie den Signalton hören, halten Sie die Cassette für eine Minute an.

Lesen Sie jetzt die Aufgaben 1.–5. zum 1. Abschnitt.
(Sie haben eine Minute Zeit.)

1. Abschnitt

	R	F
1. Die Mutter möchte jetzt Urlaub machen.		
2. Sie hat von einem Reisebüro einige Prospekte mitgebracht.		
3. Sie möchte gern nach Indien.		
4. Der Vater findet die Palmenstrände in Goa auch sehr schön.		
5. Der Vater möchte keinen Badeurlaub machen.		

Hören Sie nun den 1. Abschnitt noch einmal. Beim Hören oder danach markieren Sie die Lösungen.

Fragen Sie sich bei jeder Aufgabe: Habe ich das im Text gehört oder nicht? Wenn ja, markieren Sie R (= richtig), wenn nein, markieren Sie F (= falsch).

Lesen Sie jetzt die Aufgaben Nr. 6.–10. zum 2. Abschnitt.
(Sie haben eine Minute Zeit.)

2. Abschnitt

	R	F

6. In Griechenland war es sehr heiß.
7. Sie haben immer im gleichen Hotel gewohnt.
8. Martin hat es in Griechenland auch sehr gefallen.
9. Der Vater möchte dieses Jahr nicht wegfahren.
10. Die Mutter möchte ebenfalls zu Hause bleiben.

Hören Sie nun den 2. Abschnitt noch einmal.
Lösen Sie die Aufgaben Nr. 6.–10. zum 2. Abschnitt.

Lesen Sie jetzt die Aufgaben Nr. 11.–15. zum 3. Abschnitt.
(Sie haben eine Minute Zeit.)

3. Abschnitt

	R	F

11. Der Vater hat eine Briefmarkensammlung.
12. Er möchte im Sommer Ausflüge mit dem Fahrrad machen.
13. Die Mutter findet, daß der Vater nicht kochen kann.
14. Sohn Martin möchte ebenfalls Fahrradausflüge machen.
15. Zuerst will der Vater Martin nicht mit zwei Freunden nach Portugal fahren lassen.

Hören Sie jetzt den 3. Abschnitt noch einmal.
Lösen Sie die Aufgaben Nr. 11.–15. zum 3. Abschnitt.

Lesen Sie jetzt die Aufgaben Nr. 16.–20. zum 4. Abschnitt.
(Sie haben eine Minute Zeit.)

4. Abschnitt

	R	F

16. Viele Jugendliche verreisen heute allein ins Ausland.
17. Der Vater will mit den Eltern von Martins Freunden sprechen.
18. Vater und Mutter wollen zusammen mit Martin nach Portugal fliegen.
19. Martin kann zusammen mit seinem Vater Segel- oder Surfunterricht nehmen.
20. Martin möchte lieber eine Radtour machen.

Hören Sie nun den 4. Abschnitt noch einmal.
Lösen Sie die Aufgaben Nr. 16.–20. zum 4. Abschnitt.

Modelltest II, Teil B

Im folgenden hören Sie fünf kurze Texte.
- Hören Sie sich jeden Text zuerst an, dann lesen Sie die Aufgaben.
- Spulen Sie die Cassette zurück und hören Sie den Text noch einmal.
- Danach wählen Sie die richtige Antwort: Markieren Sie, ob die Antwort a), b), c) oder d) richtig ist. Es gibt nur eine richtige Lösung.

 Text 8: Telefonischer Anrufbeantworter

Wie kann man die Zahnärzte erreichen?
a) Während der Sprechzeiten.
b) An den Wochenenden und Feiertagen.
c) Nur am Montag und Dienstag von 8.30–13.00 Uhr.
d) Indem man einfach in die Baaderstraße geht.

 Text 9: Studentenzimmer

Was macht die Universität Freiburg?
a) Sie gibt den Studenten Zimmer.
b) Sie stellt Busse und Straßenbahnen als Wohnungen bereit.
c) Sie spricht mit den Haus- und Wohnungsbesitzern.
d) Sie wirbt bei der Bevölkerung für Studentenzimmer.

 Text 10: Sabines neues Fahrrad

Was macht Sabine mit ihrem neuen Fahrrad?
a) Sie fährt sehr vorsichtig.
b) Sie fährt ganz schnell.
c) Sie fährt Kurven von einer Straßenseite zur anderen.
d) Sie vergißt, daß sie ganz allein und einsam ist.

 Text 11: Verkehrsdurchsage

Was will der Radiosprecher sagen?
a) Daß man Opelautos kaufen soll.
b) Daß ein Kind von Oberschleißheim nach Feldmoching fährt.
c) Daß auf dem Autobahndreieck Feldmoching ein Fahrrad steht.
d) Daß ein Kind mit dem Fahrrad auf der Autobahn fährt.

 Text 12: Spiel 77

Wer gewinnt?
a) Wer die Zahl 6075847 hat.
b) Wer die Zahl 6 hat.
c) Wer am 10. Februar gespielt hat.
d) Wer die Zusatzzahl 7 hat.

Modelltest III, Teil A

Text 13: Fußballer

Sie hören jetzt ein Gespräch. Dazu sollen Sie 20 Aufgaben lösen. Bei jeder Aufgabe sollen Sie feststellen: Habe ich das im Text gehört oder nicht?

Gehen Sie so vor:
- Hören Sie zuerst das ganze Gespräch, ohne zu schreiben.
- Spulen Sie die Cassette zurück und hören Sie das Gespräch noch einmal in 4 Abschnitten.
- Jedes Mal, wenn Sie den Signalton hören, halten Sie die Cassette für eine Minute an.

Lesen Sie jetzt die Aufgaben 1.–5. zum 1. Abschnitt.
(Sie haben eine Minute Zeit.)

1. Abschnitt

	R	F
1. Dieter Kempowski kommt gerade vom Fußballtraining.		
2. Er ist Fußballspieler bei Bayern München.		
3. Er hat früher in der Jugendmannschaft des FC Bayern gespielt.		
4. Er hat zuviel Zigaretten geraucht.		
5. Er hat sich entschieden, lieber Fußball zu spielen und das Rauchen aufzugeben.		

Hören Sie nun den 1. Abschnitt noch einmal. Beim Hören oder danach markieren Sie die Lösungen.
Fragen Sie sich bei jeder Aufgabe: Habe ich das im Text gehört oder nicht? Wenn ja, markieren Sie R (= richtig), wenn nein, markieren Sie F (= falsch).

Lesen Sie jetzt die Aufgaben Nr. 6.–10. zum 2. Abschnitt.
(Sie haben eine Minute Zeit.)

2. Abschnitt

	R	F
6. Bernd findet gut, daß Dieter nicht mit dem Rauchen aufhören will.		
7. Bernd geht gerne in Discotheken.		
8. Dieter Kempowski war beim Training am Sonntag immer nach einer halben Stunde müde.		
9. Bernd meint, daß der Trainer schuld hat, daß Dieter nicht mehr bei den Bayern bleiben wollte.		
10. Michael glaubt, daß Bernd nichts vom Profifußball versteht.		

Hören Sie nun den 2. Abschnitt noch einmal.
Lösen Sie die Aufgaben Nr. 6.–10. zum 2. Abschnitt.

Lesen Sie jetzt die Aufgaben Nr. 11.–15. zum 3. Abschnitt.
(Sie haben eine Minute Zeit.)

3. Abschnitt

R F

11. Fußballclubs sind nur für Profis da.
12. Das Geld des FC Bayern kommt nur vom Fußball.
13. Die Sportclubs bekommen auch Geld vom Staat für die Amateure.
14. Die Jugendmannschaft des FC Bayern ist besser als die von Türk Güçü.
15. Die jungen Amateure müssen für den Profifußball bezahlen.

 Hören Sie jetzt den 3. Abschnitt noch einmal.
Lösen Sie die Aufgaben Nr. 11.–15. zum 3. Abschnitt.

Lesen Sie jetzt die Aufgaben Nr. 16.–20. zum 4. Abschnitt.
(Sie haben eine Minute Zeit.)

4. Abschnitt

R F

16. Michael macht für Geld alles.
17. Michael geht aufs Gymnasium.
18. Michael hat Angst, daß er keine Lehrstelle bekommt.
19. Er hat vor, einen Bankeinbruch zu machen.
20. Der FC Bayern will ihm helfen, eine Lehrstelle zu finden.

 Hören Sie nun den 4. Abschnitt noch einmal.
Lösen Sie die Aufgaben Nr. 16.–20. zum 4. Abschnitt.

Modelltest III, Teil B

Im folgenden hören Sie fünf kurze Texte.
● Hören Sie sich jeden Text zuerst an, dann lesen Sie die Aufgaben.
● Spulen Sie die Cassette zurück und hören Sie den Text noch einmal.
● Danach wählen Sie die richtige Antwort: Markieren Sie, ob die Antwort a), b), c) oder d) richtig ist. Es gibt nur eine richtige Lösung.

 Text 14: IC-Durchsage

Worum bittet die Bundesbahn?
a) um eine Frage
b) um einen Besuch im Bordrestaurant
c) um einen Hinweis zu den Gewohnheiten der Fahrgäste
d) um Unterstützung für eine Befragung

 Text 15: Oldie vor 7

Was möchte der Sprecher ankündigen?
a) daß die Sendung gleich zu Ende ist
b) daß er keine Lust mehr hat, zuzuhören

c) daß es ihm nicht gut geht

d) daß er um sieben Uhr seine Sendung beginnen will

Text 16: ‚deit‘

Was leistet ‚deit‘?

a) Sie macht fast jeden Tag eine halbe Stunde Jogging.

b) Sie steht jeden Tag sehr früh auf.

c) Sie macht durstig.

d) Sie hat wenig Kalorien.

Text 17: Begrüßung

Was passiert zum ersten Mal?

a) Es kommt Besuch aus der Partnerstadt Karlsberg.

b) Die Stadträte von Karlsberg verbringen einige Tage in der Partnerstadt.

c) Der Stadtrat von Karlsberg diskutiert mit Kollegen aus der Partnerstadt Verkehrsprobleme.

d) Der Stadtrat von Karlsberg ruft seiner Bevölkerung ein herzliches Willkommen zu.

Text 18: Alpenzerstörung

Wer versucht, den gefährdeten Alpen zu helfen?

a) das Internationale Zentrum für alpine Umwelt

b) 100 Millionen Touristen

c) die Autofahrer

d) die Müllabfuhr

Modelltest IV, Teil A

Text 19: Taxifahrerin

Sie hören jetzt ein Gespräch. Dazu sollen Sie 20 Aufgaben lösen. Bei jeder Aufgabe sollen Sie feststellen: Habe ich das im Text gehört oder nicht?

Gehen Sie so vor:

● Hören Sie zuerst das ganze Gespräch, ohne zu schreiben.

● Spulen Sie die Cassette zurück und hören Sie das Gespräch noch einmal in 4 Abschnitten.

● Jedesmal, wenn Sie den Signalton hören, halten Sie die Cassette für eine Minute an.

Lesen Sie jetzt die Aufgaben 1.–5. zum 1. Abschnitt.

(Sie haben eine Minute Zeit.)

1. Abschnitt

                                                                       R F

1. Helga hat keinen Führerschein.
2. Sie wollte schnell Geld verdienen.
3. Sie wollte eine lange Reise durch Europa machen.
4. Sie wollte nach Südamerika reisen.
5. Sie hat drei Monate für die Reise gearbeitet.

Hören Sie nun den 1. Abschnitt noch einmal. Beim Hören oder danach markieren Sie die Lösungen.

Fragen Sie sich bei jeder Aufgabe: Habe ich das im Text gehört oder nicht? Wenn ja, markieren Sie R (= richtig), wenn nein, markieren Sie F (= falsch).

Lesen Sie jetzt die Aufgaben Nr. 6.–10. zum 2. Abschnitt.
(Sie haben eine Minute Zeit.)

2. Abschnitt   R F

  6. Helga ist nur während des Oktoberfestes Taxi gefahren.
  7. Sie hatte am ersten Tag einen schweren Unfall.
  8. Pro Nacht hat sie etwa 200 Mark verdient.
  9. Mit einer Pause fährt sie jeden Tag 12 Stunden Taxi.
10. Sie fährt nicht gerne in der Nacht.

Hören Sie nun den 2. Abschnitt noch einmal.
Lösen Sie die Aufgaben Nr. 6.–10. zum 2. Abschnitt.

Lesen Sie jetzt die Aufgaben Nr. 11.–15. zum 3. Abschnitt.
(Sie haben eine Minute Zeit.)

3. Abschnitt   R F

11. Ein „Stich" ist eine Fahrt, bei der man viel Geld verdient.
12. Fahrten zu Nachtclubs sind „Stiche".
13. Frauen fahren besonders gerne zu den Nachtclubs.
14. Die Nachtclubs gehören Schauspielern.
15. Manche Nachtclubs gehören Frauen.

Hören Sie jetzt den 3. Abschnitt noch einmal.
Lösen Sie die Aufgaben Nr. 11.–15. zum 3. Abschnitt.

Lesen Sie jetzt die Aufgaben Nr. 16.–20. zum 4. Abschnitt.
(Sie haben eine Minute Zeit.)

4. Abschnitt   R F

16. Ein Mann wollte mit seiner Frau nach Blumenau fahren.
17. Der Mann war betrunken.
18. Er wollte in die psychiatrische Klinik gefahren werden.
19. Statt zur Klinik fuhr er zu Freunden.
20. Er wollte Weihnachten bei seinen Freunden feiern.

Hören Sie nun den 4. Abschnitt noch einmal.
Lösen Sie die Aufgaben Nr. 16.–20. zum 4. Abschnitt.

Modelltest IV, Teil B

Im folgenden hören Sie fünf kurze Texte.
- Hören Sie sich jeden Text zuerst an, dann lesen Sie die Aufgaben.
- Spulen Sie die Cassette zurück und hören Sie den Text noch einmal.
- Danach wählen Sie die richtige Antwort: Markieren Sie, ob die Antwort a), b), c) oder d) richtig ist. Es gibt nur eine richtige Lösung.

Text 20: Intercity-Durchsage

Wo befindet sich der „Zugbegleiter" mit Informationen über Anschlüsse?
a) nur in den Wagen im hinteren Zugteil
b) auf jedem Platz
c) auf den Tischen im Bordrestaurant
d) neben dem Telefonapparat in der ersten Klasse

Text 21: Opel Omega-Werbung

Was vergißt der Sprecher nicht so leicht?
a) Den Tag, an dem er die Testfahrt mit dem Opel Omega gemacht hat
b) die schönen Augen eines kleinen Mädchens
c) den ersten Eindruck
d) die Freundschaft mit dem Autohaus Muster

Text 22: Sorgentelefon

Was macht der Sprecher jeden Donnerstag von 22–23 Uhr?
a) Er telefoniert mit der Nummer 27 25 111.
b) Er spricht mit Bernd Lauschner.
c) Er vermittelt Gespräche mit einem Psychologen über Probleme von Hörern.
d) Er gibt psychologische Ratschläge.

Text 23: Telefonansage Sport

Wie hat Boris Becker gespielt?
a) Er hat eine Million Dollar im Eurocard Classics gewonnen.
b) Er hat gegen den Russen Wolkow gewonnen.
c) Er hat gegen den Tschechen Mecir gewonnen.
d) Er hat gegen Yannick Noah gewonnen.

Text 24: Flohmarkt

Was für eine Partnerin sucht Axel?
a) Sie sollte braune Haare haben.
b) Sie sollte locker sein.
c) Sie soll nett und ehrlich sein.
d) Sie sollte zweiunddreißig Jahre alt sein.

4. Modelltests zum schriftlichen Ausdruck

<u>Anm.:</u> Sie haben für jeden Brief 30 Minuten Zeit.
Lösungsvorschläge finden Sie auf Seite 75 ff.

Brief 1

Sie haben in Deutschland einen Sprachkurs besucht und dabei bei einer Gastfamilie gewohnt. Jetzt sind Sie wieder in Ihrem Heimatland und schreiben Ihrer Gastfamilie einen Brief.
Berichten Sie darin über folgende Punkte:
1. Dank für die Gastfreundschaft
2. warum Sie erst jetzt verspätet schreiben
3. was Sie zur Zeit machen
4. Ihre Pläne für die nähere Zukunft
5. ob und warum Sie (nicht) weiter Deutsch lernen

Vergessen Sie auch nicht Datum, Anrede, Gruß und Unterschrift.
Schreiben Sie zu <u>allen</u> Punkten wenigstens 1–2 Sätze.

Brief 2

Sie haben Ihre Ausbildung beendet und sind in eine andere Stadt umgezogen. Nun schreiben Sie Ihrem deutschen Freund einen Brief.
Berichten Sie darin über folgende Punkte:
1. Gründe für den Umzug
2. Arbeit
3. neue Wohnung
4. Freizeit und Unterhaltung
5. Pläne für die Zukunft

Vergessen Sie auch nicht Datum, Anrede, Gruß und Unterschrift.
Schreiben Sie zu <u>allen</u> Punkten wenigstens 1–2 Sätze.

Brief 3

Sie wollen Ihren Freund/Ihre Freundin in Deutschland besuchen. Sie haben aber einen Unfall gehabt (Auto, Sport…), müssen ein paar Tage im Krankenhaus bleiben und können deshalb jetzt nicht nach Deutschland fahren. Sie schreiben an Ihren Freund/Ihre Freundin einen Brief.
Berichten Sie darin über folgende Punkte:
1. wie der Unfall passiert ist
2. wie es Ihnen inzwischen geht
3. wie lange Sie noch im Krankenhaus bleiben müssen und warum
4. was aus der Deutschlandreise wird
5. was Sie nach dem Krankenhausaufenthalt erst einmal tun werden

Vergessen Sie auch nicht Datum, Anrede, Gruß und Unterschrift.
Schreiben Sie zu <u>allen</u> Punkten wenigstens 1–2 Sätze.

Brief 4

Ein Freund/eine Freundin möchte mit Ihnen zusammen die Ferien in Ihrem Heimatland verbringen. Schreiben Sie ihm/ihr einen Brief und schlagen Sie einen Urlaub vor. Schreiben Sie über folgende Punkte:
1. Wahl gerade dieses Urlaubsortes
2. was Sie dort machen werden
3. Unterbringung und Essen
4. Möglichkeiten, Menschen kennenzulernen
5. was Ihr(e) Freund(in) bei einem solchen Urlaub über Ihr Heimatland erfahren kann

Vergessen Sie auch nicht Datum, Anrede, Gruß und Unterschrift.
Schreiben Sie zu allen Punkten wenigstens 1–2 Sätze.

5. Modelltests zum mündlichen Ausdruck

Die Tests finden Sie auf der Cassette zum Testbuch (Cassette 2). Machen Sie diese Modelltests unbedingt mit der Cassette! Die hier abgedruckten Texte entsprechen den Texten auf der Cassette und bieten Ihnen einen Überblick, wie die Prüfung abläuft. Die Prüfung besteht aus zwei Teilen:

Test 1 (hier und auf Cassette als Teil A bezeichnet):
  Kommunikation in Alltagssituationen
  Sie hören 5 Alltagssituationen, auf die Sie antworten sollen. Sie haben dazu 5 Minuten Zeit.
Test 2 (hier und auf Cassette als Teil B bezeichnet):
  Gelenktes Gespräch
  Sie hören 8 Fragen zu einem bestimmten Thema, auf die Sie antworten sollen. Sie haben dazu 10 Minuten Zeit.

Das Zeichen ✱ bedeutet, daß Sie nun antworten sollen. Auf der Cassette hören Sie an dieser Stelle einen Ton.
Lösungsvorschläge zu diesen Tests finden Sie auf Seite 77 ff.

Anmerkung:
Da es auch ein Zertifikat für Jugendliche gibt, finden Sie in den Tests sowohl die Anrede mit *du* wie mit *Sie*. Bitte machen Sie alle Tests.

Modelltest 1

Teil A: Kommunikation in Alltagssituationen

Wir spielen jetzt einige Situationen. Sagen Sie uns bitte, was Sie in diesen Situationen <u>direkt</u> sagen, fragen oder antworten würden.

Beispiel:
Sie wollen einen Computerkurs besuchen, haben aber nur am Vormittag Zeit. Erklären Sie der Sekretärin in dem Institut die Situation und fragen Sie nach einem passenden Kurs. ✻

✻ = Sie! Sie können zum Beispiel so antworten:
Haben Sie auch am Vormittag Kurse? Ich habe am Nachmittag immer Schule.

 1. Sie wollen in den Ferien Ihren Onkel in Kassel besuchen. Es gibt aber nur ein Flugzeug nach Düsseldorf, und das kommt spät am Abend an. Da gibt es aber keinen Zug mehr nach Kassel. Sie rufen Ihren deutschen Brieffreund in Düsseldorf an und fragen ihn, ob Sie bei ihm schlafen können. ✻
(✻ = Sie antworten!)
2. Du hast eine Gruppe von österreichischen jungen Leuten kennengelernt. Sie fragen dich, ob du am Abend mit in die Disco kommst. Du lehnst höflich ab und erklärst, daß deine Eltern das grundsätzlich nicht erlauben. ✻
3. Sie rufen in einer Jugendherberge an und fragen, ob für heute oder morgen noch zwei Plätze frei sind. ✻
4. Sie warten vor einem Schallplattenladen auf einen Freund. Da kommt ein Junge, stellt sein Fahrrad hin und fragt Sie, ob Sie kurz auf das Fahrrad aufpassen können. Sie haben aber nur wenig Zeit und erklären ihm das. ✻
5. Du triffst in den Ferien zwei Deutsche mit Rucksack. Du stellst dich vor und fragst sie nach Herkunft, Namen und Reiseziel. ✻

Teil B: Gelenktes Gespräch

 Thema: **Ferien**

6. Das Thema Ferien ist für alle Schüler in Österreich oder Deutschland sehr wichtig. Gilt das auch für Ihr Heimatland? Warum?/Warum nicht? ✻
7. Erzählen Sie ein bißchen darüber, was Sie selbst gerne in den Ferien machen. Warum gerade das? ✻
8. Ist es in Ihrem Heimatland üblich, daß junge Leute ihre Ferien alleine, mit Freunden oder mit ihrer Familie verbringen? Warum ist das so? ✻
9. Du selbst, würdest du gerne deine Ferien einmal alleine verbringen und tun, was dir Spaß macht? Und warum? ✻
10. In Deutschland dauern die Sommerferien 6 Wochen. In vielen Ländern sind es aber 2½ bis 3 Monate. Glaubst du, daß es gut ist, wenn Schüler so lange Ferien haben? Warum? ✻

11. Fragen Sie Frau/Herrn X (2. Prüfer) doch einmal, wie junge Leute in Mittel-
    europa ihre Ferien verbringen. ✳
    (**Sie** fragen jetzt den 2. Prüfer.)

    2. Prüfer:

    In den deutschsprachigen Ländern Deutschland, Österreich und der Schweiz
    verbringen nur kleinere Kinder ihre Ferien hauptsächlich mit ihren Eltern.
    Ältere Kinder gehen häufig in Jugendlager oder zum Schüleraustausch nach
    England und Frankreich. Jugendliche ab 14 kaufen sich eine Inter-Rail-Karte
    und fahren mit dem Zug, wohin sie wollen. Sie übernachten in Jugendherber-
    gen. Das Geld bekommen sie entweder von ihren Eltern, oder sie gehen für
    einige Wochen arbeiten, damit sie unabhängig sind.

12. Frau Müller (2. Prüferin) hat erzählt, wie junge Leute in Mitteleuropa ihre
    Ferien verbringen. Fassen Sie das doch bitte noch einmal zusammen. ✳
13. In diesen Ländern gibt es eine Reihe von Organisationen (zum Beispiel Pfad-
    finder, politische Jugendgruppen, Vereine), die jungen Leuten helfen, ihre
    Ferien zu planen und schön zu verbringen. Findest du das notwendig?
    Begründe deine Meinung. ✳
14. Gibt es in deiner Heimat Versuche von Vereinen und Organisationen, Jugend-
    reisen zu organisieren? Wohin sollten solche Reisen gehen und wie sollte das
    Programm aussehen? ✳

Modelltest 2

Teil A: Kommunikation in Alltagssituationen

Wir spielen jetzt einige Situationen. Sagen Sie uns bitte, was Sie in diesen Situationen <u>direkt</u> sagen, fragen oder antworten würden.

<u>Beispiel:</u> s. Modelltest 1, Seite 68

1. Sie haben Ihre Jacke verloren und glauben, daß Sie sie gestern abend in einem
   Restaurant liegengelassen haben. Sie rufen dort an. Erklären Sie die Situation. ✳
2. Ein deutscher Freund ruft bei Ihnen an und fragt, ob er in den Ferien drei
   Wochen bei Ihrer Mutter wohnen kann, die in einem Dorf am Meer lebt. Er weiß
   aber nicht, daß es dort nur zwei Zimmer gibt, in denen drei Personen leben. ✳
3. Du hast in den Sommerferien Steffie, ein österreichisches Mädchen aus Graz,
   kennengelernt. Du erfährst, daß sie auf dem Rückweg einen schweren Unfall
   hatte. Du rufst sie im Krankenhaus an. Was sagst du ihr? ✳
4. Der Vater eines Freundes erzählt Ihnen eine lange Geschichte. Sie müssen sehr
   eilig weg, wollen aber nicht unhöflich sein. Erklären Sie ihm die Situation. ✳
5. Du möchtest deiner deutschen Freundin etwas Besonderes zum Geburtstag
   schenken, weißt aber nicht genau, worüber sie sich freuen würde. Du rufst ihre
   Mutter an. Erkläre ihr die Situation und bitte sie um Rat. ✳

Teil B: Gelenktes Gespräch

Thema: **Schule**

6. In welche Schule und in welche Klasse gehst du? *
7. Erzähl etwas darüber, welche Fächer und wie viele Stunden ihr dort habt? *
8. Welche Fächer gefallen dir am besten, welche gefallen dir nicht? Und warum? *
9. Findest du die Sachen sinnvoll, die ihr in der Schule lernt? Oder würdest du gerne auch andere Dinge lernen, die nicht auf dem Lehrplan stehen? Und warum? *
10. Was machen die Schüler in deinem Heimatland außerhalb der Schule? Müssen sie noch viel lernen? Oder haben sie da Freizeit? Erzähl mal ein bißchen. *
11. Fragen Sie Frau/Herrn X (2. Prüfer) doch einmal, wie es in deutschen Schulen aussieht und was man da lernt. *

2. Prüfer:

In der Bundesrepublik Deutschland gehen alle Kinder vier Jahre lang in die Grundschule. Dann besuchen sie entweder die Hauptschule, die Realschule oder das Gymnasium. Nur diejenigen, die nach 13 Jahren das Gymnasium abschließen, können auf einer Universität studieren. Büro- und Bankangestellte besuchen oft die Realschule, Arbeiter und Handwerker gehen in der Regel nur in die Hauptschule.

12. Herr Braun (2. Prüfer) hat berichtet, wie es in deutschen Schulen aussieht. Fassen Sie das doch bitte noch einmal zusammen. *
13. Wie sieht das bei euch in der Schule mit gemeinsamen Aktivitäten aus: mit Ausflügen, Klassenfahrten, Schulfesten usw. Was macht ihr da? Erzähl mal ein bißchen. *
14. Kannst du dir eine Schule vorstellen, die allen, Schülern und Lehrern, Spaß macht und in die alle gern gehen? Was wäre in dieser Schule anders als in der heutigen Schule? *

Modelltest 3

 Teil A: Kommunikation in Alltagssituationen

Wir spielen jetzt einige Situationen. Sagen Sie uns bitte, was Sie in diesen Situationen direkt sagen, fragen oder antworten würden.

Beispiel: s. Modelltest 1, Seite 68

1. Sie wollen Ihre deutsche Freundin darauf aufmerksam machen, daß am Abend ein interessanter deutscher Film im Fernsehen läuft. Sie haben aber den Titel vergessen. Sie wissen nur, wann der Film beginnt. *
2. Auf der Straße spricht Sie ein deutscher Tourist an. Er muß dringend nach Deutschland telefonieren. Erklären Sie ihm, wo er telefonieren kann. *

3. Sie kommen in München mit dem Flugzeug an und müssen eine Stunde später den Zug nach Nürnberg erreichen. Fragen Sie den Beamten an der Flughafenauskunft. ✻
4. Sie möchten deutsche Bücher lesen, aber sie dürfen nicht zu schwierig sein. Fragen Sie einen Freund nach einem Titel. ✻
5. Auf der Straße treffen Sie einen alten Bekannten, den Sie lange nicht gesehen haben. Was sagen Sie zu ihm? ✻

Teil B: Gelenktes Gespräch

Thema: **Fernsehen und andere Massenmedien**

6. Viele Leute machen ihren Fernseher an, sobald das Programm beginnt. Tun Sie das auch? Warum? Warum nicht? ✻
7. Welche Sendungen sehen Sie sich besonders gern an? Warum? ✻
8. Die meisten Zeitungen veröffentlichen Fernsehprogramme. Außerdem gibt es mehrere Programmzeitschriften. Wählen Sie vorher die Sendungen aus, oder sehen Sie sich ohne Unterschied alles an? Warum? ✻
9. Obwohl das Fernsehen viele gute Filme zeigt, gehen viele Leute doch noch ins Kino. Wie ist das zu erklären? ✻
10. In manchen Ländern kann man zehn oder mehr Fernsehprogramme empfangen. Wie ist das in Ihrer Heimat? Und wie beurteilen Sie das? ✻
11. Frau/Herr X (2. Prüfer) hat zwar einen Fernseher, aber sie/er liest lieber Zeitungen und Bücher. Fragen Sie sie/ihn doch einmal nach den Gründen! ✻

2. Prüfer:

Ach, wissen Sie, ich sehe mir schon regelmäßig die Nachrichten und andere informative Sendungen an. Aber wenn ich mich wirklich gut informieren will, dann muß ich die Zeitung oder Bücher lesen. Auch kann ich beim Lesen Halt machen, einen Satz oder Abschnitt noch einmal ansehen und mir Gedanken dazu machen. Außerdem glaube ich, daß die Menschen, die nur fernsehen, nicht mehr kritisch denken können.

12. Frau Scherer (2. Prüferin) hat erklärt, warum sie lieber Bücher und Zeitschriften liest als fernzusehen. Fassen Sie doch bitte ihre Gründe noch einmal zusammen. ✻
13. Auf der anderen Seite habe ich auch Verständnis für diejenigen, die lieber fernsehen. Nur glaube ich, daß es gefährlich ist, wenn man den Fernseher den ganzen Abend an hat. Wie denken Sie darüber? ✻
14. Welche Sendungen gefallen Ihnen im Fernsehen Ihrer Heimat überhaupt nicht? Beschreiben Sie einmal eine solche Sendung und begründen Sie Ihr Urteil. ✻

Modelltest 4

Teil A: Kommunikation in Alltagssituationen

Wir spielen jetzt einige Situationen. Sagen Sie uns bitte, was Sie in diesen Situationen <u>direkt</u> sagen, fragen oder antworten würden.

Beispiel: s. Modelltest 1, Seite 68

1. Sie wollen auf einer Rundreise durch Deutschland unter anderem Heidelberg, Berlin und Dresden besuchen und wollen sich vorher über diese Städte informieren. Nach Ihrer Ankunft in Hamburg gehen Sie in ein Reisebüro und erklären die Situation. ✳
2. Sie sehen in der Stadt einen Deutschen, der sein Auto an einer Stelle parkt, wo es verboten ist. Erklären Sie ihm, daß er das nicht darf und was passiert, wenn die Polizei kommt. ✳
3. Sie haben am Hauptbahnhof in München eine Fahrkarte nach Neustadt an der Weinstraße gekauft. Als Sie schon auf dem Weg zum Zug sind, merken Sie, daß die Fahrkarte für Neustadt an der Donau ausgestellt ist. Was erklären Sie dem Beamten am Schalter? ✳
4. An einem Mittwoch abend zeigt das Fernsehen ein Fußballspiel, auf das Sie sich schon lange gefreut haben. Ein deutscher Freund ruft Sie an und fragt, ob Sie an diesem Mittwoch zu einer Party bei ihm kommen. Sagen Sie ihm höflich ab und erklären Sie ihm die Situation. ✳
5. Sie haben Ihre Tasche mit allen wichtigen Papieren irgendwo liegengelassen. Sie rufen in einem Restaurant an, wo Sie am Mittag gegessen haben. Erklären Sie die Situation und fragen Sie nach der Tasche, die Sie auch beschreiben. ✳

Teil B: Gelenktes Gespräch

Thema: **Familie**

6. In Deutschland gibt es eine Entwicklung dahin, daß die Familien immer kleiner werden. Gibt es diese Tendenz auch in Ihrer Heimat? Können Sie Beispiele nennen? ✳
7. Was sind Ihrer Meinung nach die Ursachen für diese Entwicklung? ✳
8. Würden Sie als Kind lieber in einer Kleinfamilie aufwachsen oder in einer Familie, in der Sie viele Geschwister haben? Und warum? ✳
9. Viele Politiker sehen es gar nicht gerne, wenn die Bevölkerung ihres Landes kleiner wird. Was könnten die Gründe dafür sein? ✳
10. Ein griechischer Freund hat mir einmal erzählt, daß dort die Eltern noch für ihre Kinder sorgen, wenn diese schon einen Beruf haben und verheiratet sind. Halten Sie das für richtig? Und wie ist das in Ihrer Heimat? ✳
11. In vielen südlichen Ländern leben die Kinder so lange im Elternhaus, bis sie heiraten. Fragen Sie doch einmal Frau/Herrn X (2. Prüfer), wie das in Mitteleuropa ist! ✳

2. Prüfer:

Grundsätzlich verlassen in den nördlichen Ländern die Kinder sehr viel früher ihr Elternhaus als im Süden. Das liegt einmal daran, daß viele in ihrem Heimatort nicht den Ausbildungs- oder Studienplatz finden, den sie suchen. Viele andere ziehen aber auch bei ihren Eltern aus, weil sie lieber mit mehreren jungen Leuten in einer Wohngemeinschaft leben, wo sie mehr Freiheit haben und selbständig sind. Den meisten Eltern ist das auch recht, weil sie dann nicht mehr für die Kinder sorgen müssen.

12. Herr Weiß (2. Prüfer) hat gesagt, daß in nördlichen Ländern die Kinder sehr viel früher als in südlichen Ländern das Elternhaus verlassen. Fassen Sie doch bitte die Gründe dafür noch einmal zusammen. ✱

13. Nun gibt es in Deutschland sehr viele Möglichkeiten für junge Leute, ihre Freizeit zu verbringen. An den Schulen gibt es Musik-, Foto- und Sportgruppen. Und in jedem Dorf haben politische oder religiöse Jugendgruppen, aber auch Vereine und Sportclubs ein reiches Freizeitangebot für Jugendliche. Dadurch sind sie weniger abhängig vom Elternhaus. Wie ist das denn in Ihrem Heimatland? ✱

14. Finden Sie es richtig, wenn der Staat oder die Kirchen solche Freizeiteinrichtungen schaffen? Oder sollte die Freizeitbeschäftigung der Kinder und Jugendlichen Sache der Eltern sein? Und warum? ✱

B Lösungen/Lösungsvorschläge

1. Lösungen zu den Modelltests

1.1 Lösungen der Modelltests zu Strukturen/Wortschatz (Grammatik)

Modelltest 1

1. c. hast, 2. a. weggegangen, 3. b. hätte, 4. b. darfst, 5. d. will, 6. b. euch, 7. a. Bring, 8. b. eng, 9. c. großen, 10. a. meins, 11. d. welche, 12. a. dem, 13. c. wann, 14. b. lieber, 15. d. besser als, 16. a. darauf, 17. a. meines Vaters, 18. c. kommenden, 19. b. wohin, 20. a. ob, 21. d. in dem, 22. d. auf, 23. a. zu, 24. b. in, 25. c. man, 26. d. gesagt werden, 27. c. sind, 28. d. ihm, 29. a. den ersten Preis, 30. b. ihm kein, 31. c. erzähle ich dir die Geschichte ein anderes Mal, 32. c. daß du morgen nicht zu meiner Party kommen kannst, 33. d. dich gestern nicht getroffen zu haben, 34. a. ändert sich andauernd, 35. a. verlassen hatte, 36. d. zwar/aber, 37. d. an, 38. c. müsse, 39. a. deshalb, 40. d. unterbrichst, 41. b. Stunde, 42. a. einverstanden, 43. d. erst, 44. a. pünktlich, 45. c. Rezept, 46. b. behauptet, 47. d. übrig, 48. a. herrlicher, 49. c. forderten, 50. c. auf alle Fälle, 51. b. Vorurteile, 52. d. dringend, 53. a. nehmen, 54. c. Antrag, 55. b. Meinetwegen, 56. d. stattfinden, 57. c. selten, 58. a. beweisen, 59. b. schon, 60. d. Das ist doch nicht meine Sache!

Modelltest 2

1. b. habe, 2. d. dich beeilen, 3. d. darauf, 4. c. warum, 5. d. aber ich weiß ihre Telefonnummer nicht, 6. d. kontrolliert, 7. c. dich, 8. a. sicherer als die alten, 9. d. fuhr der Zug aus Hamburg gerade ein, 10. b. wo, 11. a. lachende, 12. d. wäre, 13. c. daß Autofahren sehr gefährlich ist, 14. a. besser, 15. d. erledigen muß, 16. b. die Eintrittskarten heute zu besorgen, 17. d. Ihnen für Ihre, 18. d. als, 19. c. diesem, 20. d. sind, 21. b. rauchen Sie, 22. c. jüngeren, 23. a. vor, 24. c. deinen, 25. b. man, 26. d. Darf, 27. b. besser, 28. c. mir, 29. d. in den, 30. b. die, 31. a. wird, 32. b. mich, 33. d. bei, 34. c. gibt, 35. d. Um, 36. b. schlafen können, 37. c. weder/noch, 38. a. darf, 39. c. stiegen, 40. a. würde – kommen, 41. d. aufmerksam, 42. d. ganz, 43. c. ablehnen, 44. a. Entwicklung, 45. a. Ungefähr, 46. c. bekommen, 47. b. Wirkung, 48. d. schon längst, 49. a. bestellt,, 50. a. Vertrag, 51. c. vorläufig, 52. b. Zufall, 53. d. geklappt, 54. c. genau, 55. d. Empfang, 56. a. verschiedene, 57. b. erscheint, 58. d. außer Betrieb, 59. a. sofort, 60. c. leisten

Modelltest 3

1. c. wenn, 2. b. daran, 3. b. am meisten, 4. d. ist, 5. d. sich, 6. a. Gestern soll in Ulm ein schwerer Unfall passiert sein, 7. d. entschieden, 8. c. bei deinem Opa, 9. c. sich doch für, 10. d. wie lange, 11. c. verletzte, 12. b. ihn, 13. c. daß wir gestern so wenig Zeit hatten, 14. a. bemühen sich, 15. c. Was für einen, 16. d. ist, 17. b. jemanden, 18. d. seit, 19. c. den, 20. b. sollst, 21. c. genau so gut wie, 22. c. kommen können, 23. d. sie morgen früh anzurufen, 24. a. auf, 25. c. was, 26. d. stören würde, 27. c. frisches, 28. d. einer, 29. c. wurden, 30. a. vom, 31. d. dir, 32. b. neue, 33. c. hilf, 34. b. seine, 35. a. von der, 36. d. Deshalb, 37. c. auf meinen, 38. b. ohne zu, 39. c. sonst, 40. d. werde, 41. b. direkt, 42. a. Bescheid, 43. b. wählen, 44. d. Verantwortung, 45. a. Ich finde das sehr schade, 46. b. regelmäßig, 47. d. denn, 48. b. Erfahrung, 49. a. Bestimmt, 50. d. erreicht, 51. d. Eindruck, 52. c. deutlich, 53. b. beraten, 54. a. nämlich, 55. c. günstige, 56. a. wissen, 57. d. ziemlich, 58. b. vergeblich, 59. a. Bald, 60. d. besorgen

Modelltest 4

1. c. Welche, 2. a. dir, 3. d. kaufen müssen, 4. d. morgen mit ins Kino zu kommen, 5. a. wie, 6. b. seid, 7. c. der da, 8. a. daß, 9. d. ihr einen Puppenwagen, 10. c. einen ganzen Monat Ferien machen zu können, 11. b. dich, 12. b. eingekauften, 13. c. aus dem, 14. a.

man, 15. d. Leider habe ich es noch nicht ausgelesen, 16. b. von woher, 17. d. getrennt, 18. b. euch, 19. c. bekannte, 20. c. ist, 21. a. der, 22. c. die schönsten, 23. b. brauchst, 24. d. Worüber, 25. a. Am, 26. c. leicht, 27. b. Kommt, 28. a. zum, 29. d. sind sie noch eine Woche nach Schottland gefahren, 30. b. mit denen, 31. d. hätten, 32. a. uns, 33. c. als, 34. b. werden, 35. d. Am elften, 36. c. nach dem, 37. d. auf ihn, 38. b. wie, 39. c. habe, 40. d. sondern, 41. b. endlich, 42. a. Zustand, 43. d. Reicht es, 44. d. längst, 45. b. helfen, 46. c. Auftrag, 47. a. inzwischen, 48. d. Vorteile, 49. c. legen, 50. d. Höchstens, 51. c. Gewohnheit, 52. b. Eigentlich, 53. d. Eindruck, 54. c. verpaßt, 55. d. gerade noch, 56. c. jung, 57. a. ausmachen, 58. c. es geht mir schon wesentlich besser, 59. d. ebenfalls, 60. c. leiser

1.2 Lösungen der Modelltests zum Leseverstehen

1 A: <u>Der Schwimmer:</u> 1. b; 2. a; 3. d; 4. b; 5. b; 6. d; 7. a; 8. c
1 B: <u>Berufspläne:</u> 9. d; 10. a; 11. d; 12. c; 13. b; 14. c; 15. b
2 A: <u>Irmgard:</u> 1. b; 2. a; 3. d; 4. c; 5. a; 6. b; 7. d; 8. c; 9. a; 10. b; 11. d; 12. d; 13. a
2 B: <u>Weg von zu Hause:</u> 14. c; 15. b
3 A: <u>Frisbee:</u> 1. c; 2. a; 3. d; 4. b; 5. a; 6. b; 7. c; 8. b; 9. c
3 B: <u>So viele Unfälle wie noch nie zuvor:</u> 10. a; 11. b; 12. d; 13. b; 14. d; 15. c
4: <u>Ausreißer:</u> 1. a; 2. c; 3. d; 4. a; 5. b; 6. b; 7. d; 8. d; 9. d; 10. a; 11. b; 12. c; 13. d; 14. b; 15. b

1.3 Lösungen der Modelltests zum Hörverstehen

IA	Text 1:	1. Abschnitt: f, r, r, f, f 2. Abschnitt: r, f, f, r, r
		3. Abschnitt: f, r, f, f, r 4. Abschnitt: r, r, f, r, f
IB	Text 2:	c, Text 3: d, Text 4: a, Text 5: d, Text 6: b
IIA	Text 7:	1. Abschnitt: f, r, r, f, r 2. Abschnitt: r, f, f, r, f
		3. Abschnitt: r, r, r, f, r 4. Abschnitt: r, r, f, r, f
IIB	Text 8:	a, Text 9: d, Text 10: c, Text 11: d, Text 12: a
IIIA	Text 13:	1. Abschnitt: f, f, r, r, f 2. Abschnitt: r, f, r, r, r
		3. Abschnitt: f, r, r, r, f 4. Abschnitt: r, f, r, f, r
IIIB	Text 14:	d, Text 15: a, Text 16: d, Text 17: c, Text 18: c
IVA	Text 19:	1. Abschnitt: f, r, f, r, r 2. Abschnitt: f, r, r, r, f
		3. Abschnitt: r, f, f, r 4. Abschnitt: f, r, r, f, f
IVB	Text 20:	b, Text 21: a, Text 22: c, Text 23: b, Text 24: c

1.4 Lösungsvorschläge zu den Modelltests zum schriftlichen Ausdruck

Brief 1

Tunis, den 23. September 1991

Liebe Familie Gösser,
heute möchte ich Ihnen endlich einmal schreiben und mich noch einmal für Ihre Gastfreundschaft bedanken. Ich habe im August sehr schöne Wochen bei Ihnen verbracht, und es war toll, wie sehr Sie sich um mich gekümmert haben.
Leider komme ich erst heute dazu, Ihnen zu schreiben. Mein Vater war krank, und er mußte einige Wochen ins Krankenhaus. Da mußte ich den ganzen Tag in unserem Geschäft helfen, und jeden Abend fuhr ich mit meiner Mutter ins Krankenhaus. Aber seit gestern ist mein Vater wieder zu Hause.

Die letzten Wochen waren sehr anstrengend, und deshalb möchte ich noch ein paar Tage ans Meer fahren. Mein Freund kommt mit, und wir können in dem kleinen Haus wohnen, das seinen Eltern gehört.

Am ersten Oktober beginnt meine Ausbildung bei der Bank. Ich hoffe, daß das interessant wird. Ich möchte im Winter aber auch einen Computerlehrgang machen, das kann ich später sicher für meinen Beruf brauchen. Und dann will ich natürlich auch weiter Deutsch lernen, und ich habe mich schon für einen Kurs angemeldet. Deutsch ist sehr nützlich, wenn man auf der Bank arbeitet. Aber es macht mir auch viel Spaß!

Noch einmal vielen Dank für alles!

Viele herzliche Grüße

Ihr Ahmed

Brief 2

Pisa, den 13. Juli 1991

Lieber Jens,

schon lange habe ich Dir nicht mehr geschrieben, und ich hoffe, daß es Dir gut geht.

Vielleicht hast Du an meiner neuen Adresse schon gemerkt, daß ich umgezogen bin. Ich habe im April in Mailand meine Ausbildung als Elektrotechniker beendet, und kurz danach habe ich in Pisa eine Stelle gefunden. Also mußte ich umziehen.

Ich arbeite jetzt in einem großen Elektrogeschäft, wo ich Fernseh- und Radiogeräte repariere. Das ist sehr interessant. Ich habe nette Kollegen und verdiene auch gut.

Meine neue Wohnung ist im Grünen, etwas außerhalb der Stadt. Sie hat zwei Zimmer, Küche und Bad. Sie war zum Teil möbliert, so daß ich gar nicht viele Möbel kaufen mußte. Zur Arbeit fahre ich mit dem Fahrrad.

Ich habe noch keine Freunde in Pisa, und deshalb bin ich in meiner Freizeit noch oft alleine. Aber ich habe einen guten Kontakt zu zwei Kollegen, und wir sind auch schon einmal abends zusammen ins Kino gegangen.

Ich würde nächstes Jahr gern einmal wieder nach Deutschland fahren und Dich treffen. Hast Du Lust und Zeit? Wir könnten in den Ferien in die Alpen fahren und wandern. Vielleicht hast Du auch eine andere Idee. Schreib mir mal, wie Du das findest.

Viele Grüße

Deine Anna

Brief 3

Antwerpen, den 12. August 1991

Liebe Steffi,

Du kannst Dir nicht vorstellen, wo ich gerade bin: im Krankenhaus! Aber erschrick nicht! Es geht mir schon wieder besser!

Stell Dir vor: Ich habe neulich mein Zimmer umgeräumt, und plötzlich bin ich von der Leiter gefallen. Dabei habe ich mir das Bein gebrochen, und da das eine etwas komplizierte Sache war, mußte ich ins Krankenhaus.

Inzwischen geht es mir schon besser, und ich habe auch kaum noch Schmerzen. Ich laufe auch schon wieder, aber mit Gips. In drei Tagen kann ich wieder nach Hause, denn alles wächst gut zusammen. Aber der Gips wird erst in drei Wochen abgemacht.

Nach Deutschland kann ich jetzt natürlich nicht kommen, und so können wir uns leider auch nicht sehen. Schade! Ich hatte mich so darauf gefreut, Dich, Deine Familie und Deine Freunde wiederzusehen.

In den nächsten Wochen kann ich nicht viel machen. Ich werde viel lesen und mit meinen Freunden spielen. Wenn der Gips weg ist, muß ich einige Monate lang Krankengymnastik machen, damit alles wieder gut wird.

Schade, liebe Steffi, daß wir uns nicht sehen können! Hoffentlich klappt es nächstes Jahr. Schreib mir mal!

Viele liebe Grüße

Dein Kees

Brief 4

Larnaca, den 13. Juni 1991

Lieber Hans,

für Deinen letzten Brief vielen Dank!

Ich finde es prima, daß wir hier auf Zypern gemeinsam Urlaub machen werden. Ich schlage vor, daß wir eine Rundfahrt machen und nicht an einem Ort bleiben. Dafür können wir mein Auto nehmen. So kannst Du meine Heimat richtig kennenlernen.

Es gibt viel, was wir machen können: Wir können baden, Sport treiben, am Strand faulenzen, aber auch durch das Land fahren und uns Dörfer und Städte ansehen.

Wir nehmen mein Zelt mit und gehen auf Campingplätze. Essen können wir uns manchmal selbst machen, dann wird es nicht so teuer. Aber wenn wir keine Lust haben, gehen wir in eine Taverne.

Ich habe viele Freunde hier auf Zypern. Wir können einige besuchen, so daß Du auch Menschen kennenlernst. Das finde ich sehr wichtig.

Ich glaube, das werden tolle Ferien. Du wirst viel von meiner Heimat kennenlernen: Strände, die schöne Landschaft, Städte, aber auch Menschen. Ich finde es nicht gut, wenn man die ganze Zeit nur am Meer verbringt. Das ist doch überall gleich!

Ich hoffe, daß Dir meine Vorschläge gefallen. Schreib mir bald!

Viele Grüße, auch an Deine Eltern

Dein Antonis

1.5 Lösungsvorschläge zu den Modelltests zum mündlichen Ausdruck

Modelltest 1: Teil A

1. Du, Martin, ich will diesen Sommer meinen Onkel in Kassel besuchen. Mein Flugzeug kommt aber spät abends in Düsseldorf an, und da komme ich nicht mehr nach Kassel. Kann ich vielleicht bei dir übernachten?
2. Es tut mir leid, aber ich kann nicht mitkommen. Meine Eltern erlauben das nicht.
3. Entschuldigen Sie bitte, haben Sie für heute oder morgen noch zwei Plätze frei?
4. Das geht leider nicht. Mein Freund kommt gleich, und dann gehe ich weiter.
5. Mein Name ist Jim. Wie heißt ihr? Woher kommt ihr? Und wohin wollt ihr denn?

Modelltest 1: Teil B

6. Ja, das ist auch für uns hier wichtig. Wir müssen viel für die Schule arbeiten, und wir sind natürlich froh, wenn wir Ferien haben. Dann können wir wegfahren und mit unseren Freunden zusammensein.
7. Ich bin Pfadfinder, und in den Ferien fahre ich mit meiner Gruppe zelten. Das macht mir viel Spaß, weil wir viele Dinge zusammen machen: Spiele, Musik, Wanderungen, aber auch Kochen, Holz sammeln für das Feuer usw.
8. Die Kinder fahren natürlich mit ihren Eltern in die Ferien. Aber die jungen Leute fahren oft mit Freunden oder mit einer Gruppe zusammen. Die jungen Leute haben andere Interessen als die Erwachsenen. Und die Erwachsenen finden das auch gut so.
9. Alleine nicht, das ist langweilig. Aber mit Freunden zusammen habe ich schon Ferien gemacht, da konnte ich tun, was mir Spaß macht.
10. Ich weiß nicht. Die Schule macht ja nicht so viel Spaß, und 3 Monate Ferien sind ganz toll. Aber ich möchte auch etwas lernen, das ist wichtig, und da sind drei Monate ziemlich lang. Man vergißt auch viel.
11. Können Sie mir bitte sagen, wie junge Leute in Mitteleuropa ihre Ferien verbringen?
12. Frau ... hat gesagt, daß nur kleinere Kinder mit ihren Eltern zusammen Ferien machen. Die älteren fahren in Jugendlager oder machen einen Schüleraustausch in einem

anderen Land. Sie reisen auch mit einer Inter-Rail-Karte und übernachten in Jugendherbergen. Das Geld bekommen sie von ihren Eltern oder sie arbeiten.

13. Ich finde das sehr gut. Wie ich gesagt habe, bin ich ja selbst bei den Pfadfindern. Bei
solchen Ferien sind viele Sachen geplant, Spiele, Ausflüge usw., und das ist gut. Die
Eltern wissen auch, wo man ist und mit wem man zusammen ist.

14. Ja, Jugendreisen gibt es viele. Ich meine, man braucht gar nicht weit weg zu fahren,
vielleicht in den Wald, an einen Ort an einem See. Ein festes Programm braucht man
nicht. Wir sammeln immer Ideen für die nächste Woche, und dann beschließen wir mit
unserem Leiter zusammen, was wir an jedem Tag machen.

Modelltest 2: Teil A

1. Entschuldigen Sie, ich war gestern bei Ihnen im Restaurant und habe, glaube ich, meine
Jacke liegengelassen. Haben Sie gestern abend vielleicht eine Jacke gefunden?

2. Schade, aber das geht leider nicht. Die Wohnung dort hat nur zwei Zimmer, und es leben
drei Personen dort: meine Großmutter, mein Großvater und meine Tante.

3. Du, Steffi, was ist denn los? Ich habe gehört, daß du einen Unfall gehabt hast. Wie geht
es dir denn? Und wie ist der Unfall passiert?

4. Entschuldigen Sie bitte, aber ich habe in zehn Minuten eine Verabredung. Können Sie
mir die Geschichte vielleicht das nächste Mal zu Ende erzählen?

5. Frau Weber, ich möchte Susanne etwas Schönes zum Geburtstag schenken, aber ich
weiß nicht, was ihr gefällt. Haben Sie vielleicht eine Idee, was ich ihr schenken kann?

Modelltest 2: Teil B

6. Ich gehe auf das Gymnasium, in die vierte Klasse.

7. Wir haben viele Stunden, so ungefähr 26 oder 27 in der Woche. Samstags haben wir
frei. Ich habe zwei Fremdsprachen, Deutsch und Russisch. Dann haben wir Mathematik, Physik, Biologie, dann Geschichte und Erdkunde. Wir haben auch Musik und Sport.

8. Am liebsten habe ich Sport und Erdkunde. Das macht einfach Spaß. Wir haben einen
tollen Erdkundelehrer, und in Sport bin ich gut. Ich bin auch in einem Sportverein.
Mathe mag ich gar nicht. Das macht mir einfach keinen Spaß.

9. Das kommt darauf an. In Sachkunde und Erdkunde, das ist einfach ganz praktisch.
Irgendwie weiß man immer, wofür das gut ist. Aber in Geschichte zum Beispiel, da ist
alles so alt, so weit weg. Es wäre gut, wenn wir öfters aus der Schule herausgehen
würden, auf die Straße, in die Stadt, in die Geschäfte. Über Gesundheit lernen wir
eigentlich auch nichts.

10. Wir haben natürlich Hausaufgaben, manchmal eine Stunde am Tag, manchmal zwei
oder drei. Aber wir haben auch Freizeit. Ich bin im Sportverein und habe auch Hobbys.
Ich treffe auch oft meine Freunde.

11. Können Sie mir sagen, wie deutsche Schulen sind und was man da lernt?

12. Ja, Herr ... hat gesagt, daß die Grundschule vier Jahre dauert. Dann geht man auf die
Hauptschule, die Realschule oder das Gymnasium. Nach dem Gymnasium, nach
13 Jahren, kann man studieren. Angestellte waren oft auf der Realschule, Arbeiter auf
der Hauptschule.

13. Das ist ganz prima bei uns. Wir fahren einmal im Jahr ins Landheim, für ein oder zwei
Wochen. Dann machen wir auch einen Schulausflug. Ein Schulfest haben wir immer im
Sommer, wenn das Schuljahr zu Ende ist. Und dann machen viele Klassen ein oder zwei
Klassenfeste, da laden sie auch andere Schüler ein. Da kommen auch unsere Lehrer.

14. Na ja, vorstellen schon. Es dürfte alles nicht so ernst sein, ich meine nicht nur Lernen
und Noten. Irgendwie müßten die Lehrer mehr mit uns machen, vielleicht auch nach der
Schule. Und das Schlimmste sind die Noten, das Sitzenbleiben und die Prüfungen.
Wenn die Schule anders wäre und Spaß machen würde, dann würden wir auch ohne
Noten und Prüfungen lernen.

Modelltest 3: Teil A

1. Heute abend kommt ein toller deutscher Film im Fernsehen. Ich weiß den Titel nicht mehr, aber der Film fängt um halb acht an – ich glaube im zweiten Programm.
2. Gehen Sie hier geradeaus und dann die erste Straße rechts. Da ist die Post, da können Sie ins Ausland telefonieren.
3. Können Sie mir bitte sagen, wie ich schnell zum Hauptbahnhof komme? In einer Stunde geht mein Zug, da muß ich schon dort sein.
4. Ich möchte gern einmal ein paar Bücher auf Deutsch lesen. Weißt du vielleicht ein Buch, das nicht zu schwierig ist? Ich kann ja noch nicht so gut Deutsch.
5. Guten Tag, Herr Weber. Wir haben uns ja schon lange nicht mehr gesehen. Wie geht es Ihnen denn? Und Ihrer Frau?

Modelltest 3: Teil B

6. Nein, das tue ich nicht. Ich bin gar nicht zu Hause, wenn das Programm beginnt. Überhaupt sehe ich nicht so viel fern.
7. Nun, ich sehe meist abends die Nachrichten und andere politische Sendungen. Dann sehe ich gerne Sendungen über die Natur und fremde Länder. Und Musik natürlich, Opern und Konzerte.
8. Natürlich wähle ich die Sendungen aus. Eigentlich immer. Ich möchte ja nur das sehen, was mich wirklich interessiert. Ich habe Kinder, Freunde und einige Hobbys, dafür brauche ich meine Freizeit.
9. Vor allem jüngere Leute gehen öfters ins Kino, und ich glaube, die wollen mit Freunden zusammen etwas machen und nicht immer zu Hause sein. Im Kino hat man natürlich ein viel besseres Bild, das ist ganz anders. Und viele Filme kommen erst nach Jahren ins Fernsehen.
10. Bei uns gibt es auch viele Programme, ich weiß gar nicht wie viele. Aber ich finde, zwei oder drei Programme reichen aus, wenn sie gut sind. Die Leute wissen doch gar nicht, was sie sehen sollen, wenn es so viele Programme gibt. Oder sie sehen nur noch fern. Das finde ich schrecklich!
11. Sagen Sie mir doch bitte, warum Sie lieber lesen als fernsehen.
12. Frau ... meint, daß man sich nur gut informieren kann, wenn man Zeitungen oder Bücher liest. Man hat Ruhe, kann Halt machen und nachdenken. Sie meint, daß Menschen, die nur fernsehen, nicht mehr kritisch denken können.
13. Ich weiß nicht, ob es gefährlich ist. Ich finde, jeder soll machen, was er will. Aber Menschen, die nur noch fernsehen, leben eigentlich nicht mehr, sie machen ja nichts mehr selbst. Oft sehen ja alte Menschen fern, die einsam sind. Das kann ich verstehen, was sollen sie auch machen?
14. Ja, ich weiß nicht, ich sehe diese Sendungen ja nicht. Aber ich mag diese Unterhaltungssendungen nicht, die oft am Wochenende abends kommen. Warum soll ich mir ansehen, wie andere spielen oder Rätsel raten? Ich spiele lieber selbst mit meiner Familie oder mit meinen Freunden.

Modelltest 4: Teil A

1. Guten Tag, ich mache zur Zeit eine Reise durch Deutschland. Ich möchte nach Heidelberg, Berlin und Dresden fahren. Haben Sie vielleicht Prospekte von diesen Städten?
2. Sie dürfen hier nicht parken, das ist verboten. Wenn die Polizei kommt, müssen Sie eine hohe Strafe bezahlen.
3. Ich glaube, Sie haben mir eine falsche Fahrkarte gegeben. Ich möchte nach Neustadt an der Weinstraße, aber diese Fahrkarte hier ist nach Neustadt an der Donau ausgestellt. Können Sie mir die Karte bitte umtauschen?
4. Das tut mir leid, aber ich kann nicht kommen. Am Mittwoch kommt das Pokalendspiel im Fernsehen, und das möchte ich mir unbedingt ansehen. Ich habe auch ein paar Freunde dazu eingeladen. Das nächste Mal komme ich aber bestimmt.

5. Guten Tag, haben Sie in Ihrem Restaurant vielleicht eine große dunkelrote Handtasche gefunden? Ich habe heute mittag bei Ihnen gegessen, und es kann sein, daß ich sie dort liegengelassen habe.

Modelltest 4: Teil B

6. Das ist bei uns noch nicht so. Die Menschen haben noch viele Kinder, und die Großeltern wohnen meist bei ihren Kindern. Nur in den wenigen großen Städten ist das ein bißchen anders, da gibt es auch kleinere Familien.
7. Da gibt es viele Gründe. In allen Industrieländern werden die Familien kleiner. Viele Frauen arbeiten heute, und ich glaube, sie wollen nicht nur Kinder bekommen und nicht nur Mutter sein. Und wenn man viele Kinder hat, können nicht alle auf eine gute Schule gehen. Das ist oft teuer.
8. Wir waren fünf Kinder, und das finde ich eigentlich gut. Wir haben zusammen gespielt und viel zusammen gemacht. Man lernt, daß man nicht alles alleine haben kann und daß man mit den Geschwistern teilen muß. Das finde ich gut. Mein Bruder, meine Schwester und ich, wir sind heute gute Freunde.
9. Das weiß ich auch nicht. Es gibt so viele Menschen auf der Erde, viele hungern, und ich finde es gut, wenn die Menschen nicht immer mehr werden.
10. Das ist bei uns auch so. Ja, das ist nicht schlecht. Wenn man einmal ein Problem hat, kann man nach Hause kommen, und die Eltern helfen – z. B. wenn man einmal arbeitslos ist. Man hat Hilfe, wenn man in einer schwierigen Situation ist.
11. Können Sie mir sagen, wie lange die Kinder in Mitteleuropa zu Hause wohnen?
12. Ihr Kollege hat gesagt, daß die Kinder in Mitteleuropa eher von zu Hause weggehen als im Süden. Sie wollen selbständig leben und wohnen deshalb lieber mit anderen jungen Leute zusammen. Viele Eltern finden das auch gut, weil sie dann nicht mehr für ihre Kinder sorgen müssen. Oft studieren die Kinder auch in einer anderen Stadt, und deshalb ziehen sie aus.
13. Bei uns gibt es so etwas nur ganz wenig. Man kann in einen Sportverein gehen, und es gibt auch politische Jugendgruppen. Aber nur wenige junge Leute gehen dorthin. Die meisten sind in ihrer Freizeit mit Freunden zusammen, aber sie können nicht viel unternehmen. Nur in den großen Städten ist es etwas besser.
14. Ich finde das gut. Ich habe schon gesagt, daß viele junge Leute bei uns nicht wissen, was sie in ihrer Freizeit machen sollen. Die Eltern haben keine Zeit, sie haben selbst viel Arbeit. Da ist es gut, wenn sich in der Freizeit jemand um die jungen Leute kümmert.

2. Lösungen zu den Übungen im Übungsbuch

2.1 Lösungen zu A: Strukturen (Grammatik)

1. Deklination von Adjektiv und Artikel als Pronomen

Ü 1 1. in einer kleinen Stadt der französischen Alpen. 2. ein kleines Kind mit blondem Haar. 3. Hier ist der Füller. – Welcher? – Der alte. 4. Hast du ein Bier? – Was für eins? – Ein helles. 5. ein junger Mann aus reicher Familie

Ü 2 Junger Mann aus guter Familie, erfolgreicher Rechtsanwalt mit hohem Einkommen und großem Bankkonto, (...), mit blondem Haar, jugendlichem Aussehen und athletischer Figur. Er mag klassische Musik, französischen Wein, gutes Essen, lange Gespräche, kalte, sonnige Wintertage – und sympathische SIE. Suche dunklen Typ mit schlanker Figur und langen Beinen; sie hat gute Berufsausbildung, ein intelligentes Köpfchen und kommt aus gut**em** Elternhaus. Sie mag auch interessant**e** Menschen, lang**e** Reisen in exotisch**e** Länder – aber auch klein**e** Kinder.

Ü3 Gesucht wird ein schlank**er** Mann von mittler**er** Größe, mit hell**en** Haaren, dunkl**em** Bart und auffallend lang**er** Nase, breit**em** Mund und groß**en** Ohren. Kleidung: gestreift**es** blau**es** Hemd, weiß**en** Pullover, schwarz**e** Hose, schwarz**e** Schuhe und weit**en** hell**en** Wintermantel. Er bevorzugt schnell**e** sportlich**e** Autos. Nützlich**e** Hinweise nimmt jede Polizeidienststelle entgegen.

Ü4 toll**e** Idee / gepflegt**e** Küche / ein geschmackvoll**es** Gericht / ein zart**es** Schweinekotelett / ein köstlich**er** Geschmack / für Ihre fein**e** Zunge / Kein lang**es** Überlegen / unser schmackhaft**er** Vorschlag / in ein neu**es** Zauberland des Essens.

Ü5 Welcher jung**e** Mann / lang**e** Reise / kein langweilig**er** Typ / ein interessant**er** Mensch / möglich**e** Abenteuer / ein fern**es** Land / blau**e** Meer / ein fein**es** Abendessen / ein einfach**es** Picknick / ein unabhängig**er** Mensch / groß**es** Interesse / an fremd**en** Menschen

Ü6 neu**e** Modell / unserer supermodern**en** X-Serie / Dieses schnell**e** Auto / eine sportlich**e** Form / mit einem stark**en** Motor / mit modern**er** Automatik / Sehr gut**e** Bremsen / für eine sicher**e** Fahrt / der groß**e** Innenraum / die bequem**en** Sitze / (mit weich**em** Leder) / der nützlich**e** Komfort / einer sportlich**en** Reiselimousine / Auf lang**en** Reisen / ein leistungsstark**es** Radio-Kassettengerät / zu einem wirklich**en** Überraschungspreis.

Ü7 1. jung**es** Modell / einen sommerlich**en**, kurz**en** Rock aus dünn**em** Leinenstoff / Zu dem rot**en** Rock / flach**e** schwarz**e** Schuhe / eine weiß**e** Bluse / aus rot**em** Rock / schwarz**en** Schuhen / weiß**er** Bluse / an warm**en** Sommerabenden / an einem sonnig**en** Frühlingstag 2. einen hell**en** Sommeranzug / aus leicht**em** Stoff / Zu dem modern**en** weiß**en** Hemd / eine bunt**e** Krawatte / in kräftig**en** Farben / einen leicht**en** Sommerschuh / mit dünn**er** Ledersohle / Hell**er** Anzug / mit dunkl**em** Hut / die neuest**e** Mode / aus dem warm**en** Rom / im kühl**en** Norden.

Ü8 1. eins 2. eine 3. keinen 4. welche 5. meins 6. meinem 7. eins 8. Meins 9. keine 10. keins 11. meinen 12. welche.

2. Ergänzungssätze

Ü1 1. ..., weniger zu rauchen. 2. ..., abzunehmen/weniger zu essen 3. ..., mehr spazierenzugehen. 4. ..., viel zu essen. 5. ..., gesünder zu leben. 6. ..., mittags eine Stunde zu schlafen. 7. ..., regelmäßig Sport zu treiben. 8. ..., so viel Alkohol zu trinken.

Ü2 1. ja, 2. nein, 3. ja, 4. ja, 5. nein, 6. ja, 7. ja, 8. nein, 9. ja, 10. nein, 11. ja, 12. nein, 13. ja, 14. ja, 15. ja, 16. nein, 17. ja, 18. nein, 19. ja.

Ü3 2. Ich befürchte, *daß* der Winter sehr kalt wird. 3. Ich habe Peter angeboten, ihn heute abend nach Hause zu fahren. 4. Sie muß endlich damit aufhören, alles zu kritisieren. 5. Ich bedaure es, *daß* Frau Preuß morgen nicht mitkommen kann. 6. Ich habe keine Zeit, noch länger zu warten. 7. Es freut mich, einen Brief von dir bekommen zu haben. 8. Es ist schade, *daß* deine Wohnung keinen großen Balkon hat. 9. Er hat sich darum bemüht, uns von seinen Plänen zu überzeugen. 10. Ich habe ganz vergessen, *daß* du mich ja morgen besuchen willst. 11. Er hat begonnen, Deutsch zu lernen. 12. Ich hätte nicht gedacht, *daß* du schon wieder rauchst. 13. Unser Lehrer hat uns erlaubt, eine Stunde zu spielen. 14. Ich hoffe, dich bald wiederzusehen. 15. Wir haben den Plan, am Wochenende einen Ausflug zu machen. 16. Ich glaube, *daß* Klaus bald wieder ganz gesund wird. 17. Er versucht seit drei Tagen, Sie anzurufen. 18. Sie hat mir gestern gesagt, *daß* sie heute abend nicht kommen kann. 19. Gabi hat mir vorgeschlagen, zusammen ins Kino zu gehen.

Ü4 Ich habe sie angerufen und sie eingeladen, zu mir nach Hause zu kommen. Ich würde etwas Schönes kochen. Aber sie hat geantwortet, daß sie lieber ausgeht. Da habe ich ihr vorgeschlagen, zusammen ins Kino zu gehen. Aber sie hat gesagt, daß zur Zeit keine guten Filme laufen. Sie hat auch keine Lust gehabt, mit mir in eine Disco tanzen zu gehen. Da wollte ich sie überreden, mit mir chinesisch essen zu gehen. Doch sie hat behauptet, nicht gerne chinesisch zu essen. Dann hat sie angefangen, von ihrer vielen Arbeit zu erzählen. Da habe ich ihr gesagt, daß ich das langweilig finde. Sofort hat sie aufgehört, von sich zu erzählen. Schließlich habe ich versucht zu erfahren, was sie denn eigentlich will. Da hat sie mich gebeten, sie in Ruhe zu lassen.

Ü5 Sie bedauert, 1. . . . , nicht daran gedacht zu haben. 2. . . . , so spät aufgestanden zu sein. 3. . . . , sich verspätet zu haben. 4. . . . , ihm deshalb nicht begegnet zu sein.
Er hofft, 5. . . . , demnächst befördert zu werden. 6. . . . , zum Empfang bei seinem Chef eingeladen zu werden. 7. . . . , in Zukunft von seinen Kollegen besser informiert zu werden. 8. . . . , in eine andere Abteilung versetzt zu werden.

Ü6 1. . . . , ob Peter gestern hier war? 2. . . . , daß ich morgen Herrn Weber treffe? 3. . . . , ob das Konzert heute stattfindet. 4. . . . , ob die Kinder Hunger haben. 5. . . . , daß es morgen regnet. 6. . . . , daß die Konferenz schon zu Ende ist. 7. . . . , ob das Raumschiff schon gelandet ist. 8. . . . , ob es ihr besser geht. 9. . . . , ob Frau Lösch heute im Hotel übernachtet. 10. . . . , ob sie gut angekommen sind.

3. Komparativ / Superlativ und Vergleichskonstruktionen

Ü1 älter/älteste – ängstlicher/ängstlichste – ärmer/ärmste – dümmer/dümmste – dunkler/dunkelste – frischer/frischste – größer/größte – härter/härteste – höher/höchste – intelligenter/intelligenteste – jünger/jüngste – klarer/klarste – kürzer/kürzeste – länger/längste – lauter/lauteste – leichter/leichteste – näher/nächste – schärfer/schärfste – schwächer/schwächste – stärker/stärkste – wärmer/wärmste
gern/lieber/liebste – gut/besser/beste – viel/mehr/meiste

Ü2 1. F / 2. F / 3. R / 4. F / 5. F / 6. F / 7. R / 8. F

Ü3 1. Die Gewinne der Fabrik waren höher als die Verluste. 2. Es ist bekannt, daß die Sportler aus Ostdeutschland zu den besten in der Welt gehören. 4. Die Leistungen des Sportlers waren fast so gut wie im Jahr zuvor. 5. Frankreich hat mehr Einwohner als Griechenland. 6. Gestern abend warst du wieder am schönsten von allen angezogen. 8. Unser Freund Otto hat in diesem Sommer die längste Reise von uns allen gemacht.

Ü4 1. einen stärkeren Motor als deins. 2. weniger Benzin als deins. 3. bequemer als deine. 4. in meinen Kofferraum noch mehr als in deinen. 5. mein Auto noch billiger war als deins? 6. muß noch seltener zum Service als deins.

Ü5 1. Nein, er ist der kräftigste Ruderer in der Klasse./Nein, er rudert am kräftigsten von allen. 2. Nein, er ist der schnellste Läufer in der Klasse./Nein, er läuft am schnellsten von allen. 3. Nein, er ist der geschickteste Turner in der Klasse./Nein, er turnt am geschicktesten von allen. 4. Nein, er ist der beste Reiter in der Klasse./Nein, er reitet am besten von allen. 5. Nein, er ist der schnellste Radfahrer in der Klasse./Nein, er fährt am schnellsten Rad von allen. 6. Nein, er ist der eleganteste Schlittschuhläufer in der Klasse./Nein, er fährt am elegantesten Schlittschuh von allen.

Ü6 1. Mein Vater verdient aber mehr Geld als deiner./Nein, mein Vater verdient bestimmt das meiste Geld. 2. Wir haben aber eine größere Wohnung als ihr./Nein, wir haben bestimmt die größte Wohnung. 3. Ich kann aber schneller laufen als du./Nein, ich kann bestimmt am schnellsten laufen. 4. Ich habe aber einen stärkeren Bruder als du./Nein, ich habe bestimmt den stärksten Bruder. 5. Ich darf abends aber länger aufbleiben als du./Nein, ich darf bestimmt am längsten aufbleiben. 6. Meine Schwester ist aber eine bessere Schülerin als deine./Nein, meine Schwester ist bestimmt die beste Schülerin.

Ü7 1. Die Donau ist länger als der Rhein. 2. Hamburg hat mehr Einwohner als Köln. 3. Die Zugspitze (Alpen) ist höher als der Feldberg (Schwarzwald). 4. Köln ist älter als München. 5. Steffi Graf und Boris Becker sind die zwei bekanntesten Tennisspieler in Deutschland. 6. Die älteste Universitätsstadt im heutigen Deutschland ist Heidelberg. 7. Die meisten Banken gibt es in Frankfurt. 8. Die größte Stadt ist Berlin.

Ü8 1. Es hat besser geschmeckt, als ich erwartet hatte. 2. Wir konnten so viel schwimmen, wie wir wollten. 3. Wir sind mehr gewandert, als wir wollten. 4. Ich habe mich besser erholt, als ich erwartet hatte. 5. Leider mußten wir abends so früh ins Bett gehen, wie wir erwartet hatten. 6. Ich habe mehr Spaß gehabt, als ich erwartet hatte. 7. Sie waren netter, als ich gedacht hatte. 8. Ich habe so viel Geld ausgegeben, wie ich geplant hatte.

4. Konjunktiv

Ü1 1. Würden Sie mir bitte ein Glas Wasser geben? / Könnte ich bitte ein Glas Wasser haben? 2. Könnte ich bitte die Speisekarte haben? / Würden Sie mir... geben? 3. Würden Sie mir bitte sagen, wie spät es ist? / Könnten Sie... 4. Könnten wir uns nicht heute abend treffen? 5. Würden Sie mir bitte Ihr Feuerzeug geben? / Könnte ich bitte... haben?

Ü2 1. Können Sie mir bitte sagen, wo der Eulenweg ist? 2. Würden Sie mir bitte sagen, wann der nächste Zug nach Brüssel abfährt? 3. Würden Sie mir bitte sagen, wo hier in der Nähe ein Blumengeschäft ist? 4. Könnten Sie mir bitte sagen, wo die Bushaltestelle ist?

Ü3 1. Würde es doch nur zu regnen aufhören! / Wenn es doch nur zu regnen aufhören würde! 2. Würde ich doch endlich einen Brief von meiner Freundin bekommen. / Wenn ich doch endlich einen Brief von meiner Freundin bekommen würde! 3. Würden doch die Ferien nie aufhören! / Wenn doch nur die Ferien nie aufhören würden! 4. Könnte ich doch nur die Mathematikaufgabe verstehen! / Wenn ich doch nur die Mathematikaufgabe verstehen könnte! 5. Müßte ich nur nicht jeden Tag einkaufen! / Wenn ich nur nicht jeden Tag einkaufen müßte! 6. Dürfte ich doch nur heute abend in die Disco gehen! / Wenn ich doch nur heute abend in die Disco gehen dürfte! 7. Wäre ich doch bei meinem Freund! / Wenn ich doch bei meinem Freund wäre!

Ü4 2. könnten/müßten 3. müßten 4. könnten/müßten 5. könnte 6. müßten 7. dürften

Ü5 1. Aber wenn ich so klug wie Einstein wäre, würde ich große Theorien aufstellen. 2. ..., wäre ich ein bekannter Wissenschaftler. 3. ..., müßte ich in der Schule nicht Mathematik pauken. 4. ..., würde ich an der Universität Physik lehren. 5. ..., wäre ich auf der ganzen Welt bekannt. 6. ..., hätte ich viele berühmte Freunde.

Ü6 1. Wenn ich zaubern könnte, würden meine Phantasien plötzlich zur Realität. 2. ..., müßte ich nicht mehr in Träume flüchten. 3. ..., wäre das Leben so reich wie die Kunst. 4. ..., könnte ich wie die Heldin meines Lieblingsromans leben. 5. ..., würden Liebe und Freiheit den Alltag bestimmen. 6. ..., könnten wir endlich wir selbst sein.

Ü7 1. Ich an deiner Stelle würde eher/früher aufstehen. 2. ... würde weniger Alkohol trinken. 3. ... würde billigere Bars besuchen. 4. ... würde endlich einmal zum Arzt gehen. 5. ... würde weniger Geld für meine Freundinnnen ausgeben. 6. ... würde sie einmal anrufen. 7. ... würde einmal einen neuen Anzug anziehen.

Ü8 1. Wenn ich das Geld gewonnen hätte, hätte ich wahrscheinlich eine größere Wohnung gekauft. 2. ..., hätte ich aber mein kleines Auto behalten. 3. ..., hätte ich auch keine anderen Kleider getragen. 4. ..., hätte ich mir einen Traum erfüllt und wäre in den Ferien einmal nach Island gefahren. 5. ..., hätte ich insgesamt im Leben wohl weniger Sorgen gehabt. 6. ..., hätte ich nicht mehr so viel arbeiten müssen. 7. ..., hätte ich einigen Verwandten helfen können.

Ü 9 1. Aber sie tut so, als wüßte sie nichts/als ob sie nichts wüßte. 2. Aber sie ist angezogen, als hätte sie nur alte Klamotten/als ob sie nur alte Klamotten hätte. 3. Aber sie spricht, als könnte sie nur böse sein/als ob sie nur böse sein könnte. 4. Aber sie tut so, als würde sie nie lesen/als ob sie nie lesen würde. 5. Aber sie singt, als hätte sie eine schreckliche Stimme/als ob sie eine schreckliche Stimme hätte. 6. Aber sie bewegt sich, als würde sie sehr viel Alkohol trinken/als ob sie sehr viel Alkohol trinken würde.

Ü 10 1. Aber er tut so, als hätte er einen guten Beruf/als ob er einen guten Beruf hätte. 2. ..., als wäre er sehr sportlich/als ob er sehr sportlich wäre. 3. ..., als würde er nicht alleine in Urlaub fahren/als ob er nicht alleine in Urlaub fahren würde. 4. ..., als würde er sehr viel Geld verdienen/als ob er sehr viel Geld verdienen würde. 5. ..., als müßte er sehr wenig arbeiten/als ob er sehr wenig arbeiten müßte. 6. ..., als würde er abends sehr oft ausgehen/als ob er abends sehr oft ausgehen würde. 7. ..., als könnte er viele Fremdsprachen/als ob er viele Fremdsprachen könnte. 8. ..., als dürfte er Alkohol trinken/als ob er Alkohol trinken dürfte. 9. ..., als wüßte er sehr viel/als ob er sehr viel wüßte.

Ü 11 Rudi Langfinger behauptet, daß er sich nicht sehr gut an den 14. Mai erinnern könne. Er glaube, daß er am 14. Mai gar nicht zu Hause gewesen sei. Nach dem Frühstück habe er ca. um 9 Uhr das Haus verlassen. Das sei seine normale Zeit. Danach habe er ein paar Besorgungen in der Stadt gemacht. Um 12 Uhr, das wisse er sicher, habe er einen Freund getroffen, Karl Langbein, und sie seien zusammen in einen Schnellimbiß essen gegangen. Er könne sich gut erinnern, daß er am Nachmittag allein am Rhein spazierengegangen sei. Zeugen gebe es dafür allerdings keine. Am Abend sei er im Kino gewesen, in einem Kriminalfilm, aber an den Titel erinnere er sich nicht mehr. Danach müsse er ohne Begleitung in der Bar „Goldmund" gewesen sein. An all das könne er sich noch ziemlich genau erinnern, aber er wolle nicht ausschließen, daß er etwas vergessen habe. Jedenfalls sei er am Nachmittag, als die Bank überfallen wurde, am Rhein spazierengegangen.

5. Modalverben

Ü 1 2c, 3g, 4b, 5i, 6c, 7a, 8j, 9b, 10k, 11i, 12d, 13f, 14d, 15a, 16i, 17c/e, 18c, 19e, 20j, 21a, 22f, 23h, 24g

Ü 2 1. muß sein Grundstück verkaufen. 2. hat sein Grundstück verkaufen müssen. 3. muß verkauft werden. 4. soll nicht vergessen, den Brief einzuwerfen. 5. nicht vergessen sollen, den Brief einzuwerfen. 6. nicht vergessen werden, den Brief einzuwerfen.

Ü 3 1. Ich habe gestern nicht kommen können. 2. Ja, morgen kann ich kommen. 3. Sie kann noch nicht gebaut werden. 4. Ich habe nicht ins Kino gehen dürfen. 5. Ja, heute abend kann ich ins Kino gehen. 6. Er kann noch nicht operiert werden.

Ü 4 1. In den nächsten Jahren müssen viele neue Wohnungen gebaut werden. 2. Du solltest einmal über das Problem nachdenken. 3. Nur wenige konnten seine Erklärungen verstehen. 4. Frau Sommer hat zu Fuß gehen wollen. 5. Niemand darf während der Prüfung den Raum verlassen. 6. Sie sollen Frau Häussler heute nachmittag anrufen. 7. Morgen soll ich mein Auto wieder haben.

Ü 5 2. ich einmal über das Problem nachdenken sollte. 3. nur wenige seine Erklärungen verstehen konnten. 5. niemand während der Prüfung den Raum verlassen darf. 6. ich Frau Häussler heute nachmittag anrufen soll. 7. ich morgen mein Auto wieder haben soll.

Ü 6 1. soll/kann 2. mußt/kann 3. sollen/kann/muß 4. Willst/kannst/darf

Ü 7 1. Wegen des Gewitters mußten wir schon eher nach Hause fahren. 2. In der Ostsee kann man kaum noch baden. 3. Du darfst heute abend auf die Party gehen. 4. Du solltest heute abend nicht so spät ins Bett gehen. 5. Werbung kann viele Menschen beeinflussen.

6. Alle Betriebsangehörigen sollen Überstunden machen. 7. Sie sollten mehr spazierengehen und weniger arbeiten. 8. Ich habe den Krimi nicht sehen dürfen. 9. Meine Eltern wollten sich eine neue Wohnung kaufen. 10. In Trockenhausen soll ein neues Schwimmbad gebaut werden. 11. Früher hat man noch leicht eine gute Wohnung finden können.

Ü 8 1. Ich höre ihn gerade zurückkommen. 2. Man läßt uns hier ganz schön lange warten. 3. Ich sehe sie meist so toll tanzen. 4. Ich höre ihn immer sehr laut vorbeifahren. 5. Meine Eltern lassen mich abends noch nicht alleine ausgehen. 6. Ich sah ihn vor Freude weinen.

6. Negationswörter

Ü 1 1. sind wir nicht spazierengegangen. 2. kann morgen nachmittag nicht auf dein Baby aufpassen. 3. ich habe ihr nicht bei der Arbeit geholfen. 4. schlafe nachmittags nicht. 5. nach Buxtehude wird im Herbst nicht ausgebaut. 6. bringe ich heute nachmittag nicht mit.

Ü 2 1. nichts 2. nicht 3. keine 4. nichts 5. nichts 6. keinen 7. nicht 8. nicht 9. keine 10. nichts

Ü 3 1. einmal – nie/nicht 2. irgendwo – nirgendwo/nicht 3. jemanden – niemanden 4. etwas – nichts 5. keins

7. Passiv

Ü 1 2. Dann wird eine große Baugrube ausgehoben. 3. Danach wird das Fundament gegossen. 4. Jetzt wird der Rohbau hochgezogen und danach das Dach gedeckt. 5. Anschließend werden die Fenster und Türen eingebaut, 6. und gleichzeitig werden die Heizungen und das Bad installiert. 7. Wenn alles fertig ist, wird das Haus dem neuen Eigentümer übergeben.

Ü 2 Zuerst müssen von einem Architekten die Pläne entworfen werden. Dann muß eine große Baugrube ausgehoben werden. Danach muß das Fundament gegossen werden. Jetzt muß der Rohbau hochgezogen und danach das Dach gedeckt werden. Anschließend müssen die Fenster und Türen eingebaut werden, und gleichzeitig müssen die Heizungen und das Bad installiert werden. Wenn alles fertig ist, muß das Haus dem neuen Eigentümer übergeben werden.

Ü 3 1. Nein, sie müssen noch gebadet werden. 2. Aber er ist doch schon repariert worden. 3. Nein, es muß noch gespült werden. 4. Aber er ist doch schon gereinigt worden. 5. Nein, sie muß noch aufgehängt werden. 6. Aber es ist doch schon tapeziert worden.

Ü 4 1. In der Nacht ist bei einem Verkehrsunfall ein Fußgänger schwer verletzt worden. 2. Gestern ist ein Flugzeug entführt worden; dabei sind drei Passagiere schwer verletzt worden. 3. Endlich ist ein lang gesuchter Terrorist von der Polizei gefaßt worden. 4. Gegen Mitternacht ist das Auto des Bürgermeisters gestohlen worden. 5. Gestern früh ist die neue U-Bahn-Strecke nach Vorwald eröffnet worden.

Ü 5 In der Zeitung steht, daß... 1. ..., daß in der Nacht bei einem Verkehrsunfall ein Fußgänger schwer verletzt worden ist. 2. ..., daß gestern ein Flugzeug entführt worden ist und daß dabei drei Passagiere schwer verletzt worden sind. 3. ..., daß endlich ein lang gesuchter Terrorist von der Polizei gefaßt worden ist. 4. ..., daß gegen Mitternacht das Auto des Bürgermeisters gestohlen worden ist. 5. ..., daß gestern früh die neue U-Bahn-Strecke nach Vorwald eröffnet worden ist.

Ü6 1. In der Nacht soll bei einem Verkehrsunfall ein Fußgänger schwer verletzt worden sein. 2. Gestern soll ein Flugzeug entführt worden sein; dabei sollen drei Passagiere schwer verletzt worden sein. 3. Endlich soll ein lang gesuchter Terrorist von der Polizei gefaßt worden sein. 4. Gegen Mitternacht soll das Auto des Bürgermeisters gestohlen worden sein. 5. Gestern früh soll die neue U-Bahn-Strecke nach Vorwald eröffnet worden sein.

8. Präpositionen

Ü1 Wohin?: bringen, einladen, fahren, fliegen, führen, hängen (!), kleben, legen, schikken, schreiben, stecken (!), stellen, tun, umziehen
Wo? bleiben, finden, geschehen, hängen (!), liegen, sein, sitzen, stecken (!), stehen, treffen, wohnen

Ü2 1. in den Wald 2. auf das Zimmer 3. in den Koffer 4. in der blauen Adria 5. auf der Straße 6. in den Briefkasten 7. unter den Zeitungen 8. in die Nordsee 9. in sein Tagebuch 10. in seinem Sessel

Ü3 2. in der Reinigung 3. auf der Wiese 4. nach Spanien 5. beim Optiker 6. auf Korsika/nach Korsika 7. zum Flughafen 8. an der Ecke Kettengasse/Hauptstraße 9. bei (seinen) Freunden zum Geburtstag 10. bei uns 11. Auf der Post 12. durch die Tür ins Zimmer. 13. am Marktplatz. 14. in die Ecke 15. in Leipzig – in der früheren DDR. 16. auf die Schule (in die Schule/zur Schule) 17. auf der Deutzer Brücke über den Rhein – unter uns 18. in der Hauptstadt 19. durch das Fenster auf die unendliche graue Stadt 20. in der Kettengasse 21. in die Berge 22. über Köln oder über Hannover

Ü4 1. aus dem Haus 2. von einer alten Freundin 3. aus dem Fenster 4. Von wem 5. aus dem Kühlschrank 6. Von dort 7. von der Haltestelle 8. von einer langen Reise 9. aus dem Wald 10. aus Deutschland

Ü5 1. Wann - Am Montag oder am Dienstag 2. am Vormittag - in/ab der nächsten Woche 3. seit einem Jahr 4. Wann - am/ab dem 13. Juli ab/um 11.30 Uhr 5. Seit unserem letzten Skiurlaub 6. am 1. Mai – bis zum 3. Mai 7. Wie lange / Seit wann – Seit 2½ Jahren 8. Bei deinem letzten Besuch 9. In drei Wochen 10. Wann – ab morgen 11. Im letzten Jahr – nach Fastnacht 12. Seit wann/Wie lange – im Sommer – Seit ca. 10 Jahren 13. Wie lange/ Bis wann – Bis nächsten Montag 14. Vor/Nach dem Essen 15. Während/Nach der Rede 16. nach drei Tagen

Ü6 1. Als der Zug angekommen ist, ... 2. Wenn wir essen, ... 3. Wenn es regnet, ... 4. Wenn das Flugzeug landet, ... 5. Als das Flugzeug gelandet ist, ... 6. Wenn wir spazieren gehen, ...

9. Pronomen und Artikelwörter

Ü1 1. seinen Regenschirm 2. eure Spielsachen 3. deine Hausaufgaben 4. ihr Auto 5. Ihre Frau 6. ihrem Brieffreund 7. ihre Mäntel – unsere Mäntel 8. ihre Fahrräder

Ü2 1. ihrem Mann 2. euren Fußball – Unseren Fußball 3. deine Eltern – mein Vater – meine Mutter 4. seinen Fotoapparat 5. ihrer Mutter 6. Ihren Sohn Herbert – unseren Sohn 7. mit seinem neuen Fahrrad 8. deine/meine neuen Kassetten

Ü3 1. darauf 2. auf ihn 3. auf ihn 4. Wofür 5. Wozu – Dazu 6. um sie. 7. womit 8. damit 9. bei ihr – wofür 10. darüber. 11. Mit wem

Ü4 1. Wie lange wohnen Sie schon hier? 2. Wie viele Familien wohnen hier im Haus? 3. Wie sind die Leute hier? 4. Wann wurde das Haus gebaut? 5. Wo stehen die Mülltoennen? 6. Wie oft werden sie geleert? 7. Wann kommt der Briefträger? 8. Wer ist für die Heizung zuständig? 9. Warum soll dieses Fenster immer zu sein? 10. Was ist das? 11. Wohin führt diese Treppe? 12. Wieviel/Was bezahlen wir für die Heizung? 13. Wohin kann ich mein Fahrrad stellen?

Ü5   1. was für einen – Welcher   2. Was für eine   3. Welche   4. Was für   5. Welche   6. Was für eine

10. Verben mit Reflexivpronomen

Ü1   Gleich: mich/mir, dich/dir, uns, euch – verschieden: sich

Ü2   1. dich   2. sich   3. mir – mir   4. euch   5. dich – dich – dich   6. mich – mir   7. euch – sich – euch   8. dir – mich   9. sich   10. dich – uns

Ü3   1. ja   2. nein   3. nein   4. ja   5. nein   6. ja   7. nein   8. nein   9. nein

Ü4   1. Er interessiert sich für Peters Arbeit.   2. Ich regte mich über die ganze politische Situation auf.   3. Ich beschäftige mich sehr mit deinen Problemen.   4. Habt ihr euch gern an die letzten Ferien erinnert?   5. Endlich habt ihr euch beruhigt.   6. Das Wetter hat sich verschlechtert.   7. Hat sich dein Halsweh verbessert?   8. Du hast dich in den letzten Jahren ganz verändert.

Ü5   1. euch – uns   2. sich   3. sich – uns   4. sich   5. uns   6. euch

Ü6   1, 3, 6, 7

11. Relativsätze

Ü1   1. Die Stadt, durch die die Seine fließt, ist Paris.   2. Der Mann, der die Relativitätstheorie entdeckt hat, ist Albert Einstein. 3. Die Stadt, in der Goethe geboren wurde, ist Frankfurt.   4. Das Land, gegen das die Bundesrepublik 1982 bei der Fußballweltmeisterschaft verloren hat, ist Italien.   5. Das Meer, in das die Donau fließt, ist das Schwarze Meer. 6. Der Berg, den Hillary und Tensing 1953 als Erste bestiegen haben, ist der Mount Everest. 7. Der Architekt, von dem der Eiffelturm konstruiert wurde, ist A. Eiffel.   8. Der Dichter, mit dem Goethe gut befreundet war, ist Schiller.   9. Die Stadt, in der Cäsar 44 vor Christi Geburt getötet worden ist, ist Rom.   10. Der bekannte Politiker, der 1963 ermordet wurde, ist John F. Kennedy.

Ü2   1. auf die / die / der / für die   2. mit denen / die / denen / die   3. das / mit dem / das / das   4. dem / der / über den / der   5. die / mit denen / denen / von denen

12. Verben

Ü1   du arbeitest/ihr arbeitet – du schlägst ... vor/ihr schlagt ... vor – er erfährt/ihr erfahrt – er weiß/ihr wißt – ich darf/wir dürfen – du hebst ... auf/wir heben auf – du schläfst ein/ihr schlaft ein – du wirst/ihr werdet – ich lese/er liest – du wäschst ab/ihr wascht ab – er badet/ihr badet – du übernimmst/ihr übernehmt – er bewirbt sich/ihr bewerbt euch – er wirft ... ein/wir werfen ... ein – du hast/ihr habt – du verrätst/ihr verratet – du sendest ... ab/wir senden ... ab – er leistet/wir leisten – du trittst ein/ihr tretet ein – ich muß/wir müssen – er gefällt/ihr gefallt – er will/wir wollen – du versprichst/ihr versprecht – er erhält/ihr erhaltet

Ü2   **Vokalwechsel:** triffst / fährst / trägst / hilfst / entläßt / vergißt / fällst / wächst / läufst/ stiehlst / mißt / gibst / brichst / ißt / siehst / **ohne Vokalwechsel:** baust / schaltest aus/ begegnest / atmest / behandelst / bewegst / schadest / haßt / legst / klebst / packst / hebst / bezahlst / erkennst / regelst / fehlst / erwartest

Ü3 1. Mach bitte mal das Fenster zu! 2. Beeilen Sie sich bitte etwas! 3. Hört endlich mal mit dem Krach auf! 4. Reden Sie nicht so schnell, ... 5. Sei nicht so ängstlich! 6. Triff Martin doch an einem anderen Tag! 7. Beeilen Sie sich, ... 8. Regt euch nicht immer so auf! 9. Fang endlich mit deinen Hausaufgaben an! 10. Vergiß nicht, Erika anzurufen! 11. Sieh einmal nach, wer ... 12. Seien Sie rechtzeitig da, sonst ... 13. Hab keine Angst, ...

Ü4 1. Räum endlich dein Zimmer auf! 2. Trocknet endlich das Geschirr ab! 3. Nimm deinen kleinen Bruder mit! 4. Hilf endlich Tante Emma beim Aufräumen! 5. Gib Martin einen Bonbon! 6. Lies doch ein gutes Buch! 7. Ärgert mich nicht immer! 8. Geh doch nicht jeden Abend in die Disco. 9. Sei um 10 Uhr zu Hause! (doch/endlich = fakultativ)

Ü5 **Haben** erziehen / s. wundern / warten / wohnen / überfahren / stehen / s. ereignen / vorziehen / scheinen / blühen / aufhören / s. verändern / schlafen / singen – **sein:** einschlafen / werden / kommen / springen / wachsen / fließen / erscheinen / steigen / gelingen / laufen / einwandern / stürzen / abbiegen / (ver-)reisen / landen / fahren / umziehen / gehen / spazierengehen

Ü6 a) sein, b) haben, c) sein, d) haben, e) haben

Ü7 Perfekt mit **haben:** Verben mit Akkusativ-Objekt; reflexive Verben; Verben, die einen Zustand ausdrücken
Perfekt mit **sein:** Verben, die eine Fortbewegung ausdrücken; Verben, die einen Zustand ausdrücken

Ü8 a) 3a/5a, b) 1b/2b/3b/4b/5b/6d, c) 4a/6a/6c, d) 4c, e) 6b

Ü9 hat / bin / bin / bin / habe / habe / habe / ist / bin / habe / ist / haben / bin / habe / bin / ist / hat / bin.

Ü10 **1.** getanzt, gewarnt, geblüht, gestellt, gesucht, geantwortet, geärgert, gerettet – **2.** gefallen, gezwungen, gesungen, geschlafen, geholfen – **3.** angestrengt, vorbereitet, abgehängt, hingesetzt, aufgeräumt – **4.** aufgehoben, eingeladen, aufgestanden, ausgezogen, eingestiegen, angegangen, mitgekommen, bekanntgegeben – **5.** erreicht, verwendet, beantragt, bestraft, überredet, unterstützt, vergrößert – **6.** begonnen, bewiesen, erfunden, unterbrochen, verloren, überstanden, besessen, erzogen, widersprochen, überwiesen.

13. Wortstellung

Ü1 **R1** Das Subjekt steht entweder direkt *vor* oder direkt *nach* dem Verb. **R2** Im Nebensatz (8./9.) steht das Subjekt direkt *nach* der Konjunktion. **R3** Das Verb mit Personalendung steht an Position *2* (nicht bei JA-NEIN-Fragen: 5./6.). **R4** Im Nebensatz steht das Verb am Ende des Nebensatzes. **R5** Wenn das Verb mehrere Teile hat (Perfekt, Verb + Modalverb, Passiv, Verb mit trennbarer Vorsilbe 2./3./4./6./7.), steht Verb 2 am Ende des Satzes. **R6** Im Nebensatz stehen alle Verbteile am Ende des Nebensatzes.

Ü2 2. R.5, 3. R.4, 4. R2, 5. R.1, 6. R.1, 7. R.3, 8. R.3, 9. R.5, 10. R.4, 11. R.2, 12. R.5, 13. R4, 14. R.6, 15. R.1

Ü3 1. ..., warum die Wälder in Mitteleuropa sterben 2. Es ist in den letzten Jahren eine Autobahn nach Speyer gebaut worden. 3. ..., ob die Verhandlungen morgen beginnen. 4. ..., daß Frau Süß den Führerschein gemacht hat. 5. Jeden Abend sehen Millionen die Nachrichten im Fernsehen. 6. Können Sie morgen um 18 Uhr in meinem Büro sein? 7. Letztes Jahr sind die Preise um 5% gestiegen. 8. Maria will nach der Schule eine Ausbildung als Bankkauffrau machen. 9. Martin will seiner Freundin Irene zum Geburtstag ein Buch schenken. 10. Nachdem der Regen aufgehört hatte, ... 11. Obwohl Herr Röder über seinen Kollegen ärgerlich war, ... 12. Wann fährt morgen mein Zug nach Hamburg ab? 13. weil es in Mitteleuropa viel regnet, ... 14. Wenn Sie nicht rechtzeitig hier sein können, ... 15. Will Heinrich seine Eltern morgen anrufen?

Ü4   a. 2. Jede Woche fliegt Frau Sturm nach Lyon.   3. Warum fliegt Frau Sturm jede Woche nach Lyon?   4. Weißt du, wohin Frau Sturm jede Woche fliegt?   5. Weißt du, wer jede Woche nach Lyon fliegt?   6. Fliegt Frau S. jede Woche nach Lyon?   7. Hast du vergessen, daß Frau S. jede Woche nach Lyon fliegt?   8. Muß Frau S. jede Woche nach Lyon fliegen?   9. Weißt du, warum Frau S. jede Woche nach Lyon fliegt?
b. 1. Georg geht fast jeden Abend in die Disco.   2. Weißt du schon, daß Georg fast jeden Abend in die Disco geht?   3. Wohin geht Georg fast jeden Abend?   4. Leider geht Georg fast jeden Abend in die Disco.   5. Ich verstehe nicht, warum Georg fast jeden Abend in die Disco geht.   6. Geht Georg fast jeden Abend in die Disco?   7. Darf Georg fast jeden Abend in die Disco gehen?
c. 1. Julia will mit ihren Freunden einen Ausflug an den Bodensee machen.   2. Was will Julia mit ihren Freunden machen?   3. Bei schönem Wetter will Julia mit ihren Freunden einen Ausflug an den Bodensee machen.   4. Habe ich dir schon gesagt, daß Julia mit ihren Freunden einen Ausflug an den Bodensee machen will?   5. Will Julia mit ihren Freunden einen Ausflug an den Bodensee machen?   6. Mit wem will Julia einen Ausflug an den Bodensee machen?   7. Warum will Julia mit ihren Freunden einen Ausflug an den Bodensee machen?   8. Weißt du, warum Julia mit ihren Freunden einen Ausflug an den Bodensee machen will?   9. Mit ihren Freunden will Julia einen Ausflug an den Bodensee machen.

Ü5   2. R9 / 3. R8 / 4. R9 / 5. R8 / 6. R9 / 7. R7 / 8. R9 / 9. R7 / 10. R9

Ü6   2. Der Kellner hat uns das Frühstück aufs Zimmer gebracht.   3. Leider habe ich es meinem Freund noch nicht gesagt.   4. Heinz brachte ihm den Wagen ins Büro.   5. Heinz brachte ihn ihm ins Büro.   6. Lange hat sie sich mit ihm beschäftigt.   7. Ich habe ihr nichts gesagt.   8. Warum fährst du schon morgen nach Hamburg?   9. Wir haben ihr ein Buch zum Geburtstag geschenkt.   10. Wir haben ihm auf den Brief geantwortet.

Ü7   Falsch (F) Richtig (R)
1. F: lokal-temporal / R: temporal-lokal   2. F: lokal-modal-temporal / R: temporal-modal-lokal   3. F: lokal-temporal / R: temporal-lokal   4. F: modal-KKK-lokal-temporal / R: temporal-KKK-modal-lokal   5. F: lokal-KKK-temporal / R: temporal-KKK-lokal   6. F: lokal-temporal / R: temporal-lokal   7. F: modal-lokal-temporal / R: temporal-modal-lokal   8. F: KKK-temporal-lokal / R: temporal-KKK-lokal   9. F: lokal-modal-KKK / R: KKK-modal-lokal   10. F:temporal-lokal-modal / R: temporal-modal-lokal

Ü8   2. Ich fahre sie jeden Tag mit dem Auto in die Schule.   3. Kannst du mir die Photos heute nach Hause bringen?   4. Sie brachte ihn gestern wegen seiner Schmerzen schnell zum Arzt.   5. Er hat sich den Mantel vor ein paar Tagen wegen der Kälte in diesem Kaufhaus gekauft.   6. Sie mußte gestern abend vor dem Kino auf ihren Freund warten.   7. Ich kann ihn morgen früh gern zum Zug bringen.   8. Das Turnier findet nächste Woche bei schönem Wetter im Freien statt.   9. Das Rathaus wird trotz erhöhter Kosten wahrscheinlich im Stadtzentrum gebaut.   10. Die Maschine fliegt heute ausnahmsweise über München.

Ü9   1. Das Konzert findet heute wegen Erkrankung des Solisten nicht statt.   2. Der Kongreß wird trotz der zu erwartenden Verkehrsprobleme wie geplant in Köln durchgeführt.   3. Das Rathaus wird nächstes Jahr trotz erhöhter Kosten wahrscheinlich im Stadtzentrum gebaut.   4. Ich freue mich schon den ganzen Tag wie ein Kind auf deinen Besuch.   5. Wir fliegen heute wegen eines Unwetters ausnahmsweise nicht über München.   6. Ich fahre sie bei schlechtem Wetter mit dem Auto in die Schule.   7. Sie lebt seit zwei Jahren aus beruflichen Gründen in Athen.   8. Sie mußte gestern abend lange vor dem Kino auf ihren Freund warten.   9. Sie ist damals vor Kummer sehr schnell in einem Altenheim gestorben.   10. Er ist aus Bequemlichkeit wahrscheinlich nicht zu seinen Freunden gefahren.

2.2 Lösungen zu B: Leseverstehen

Ü 1 Protest: H, Arzt: G, Religion: B, Post: C, Musik: D, Hausordnung: A, Anzeigen: F, Kaufhaus: E

Ü 2 1. ein Stuhl, 2. Gorillas, 3. Bremse, 4. Krawatte, 5. Freitag/Samstag, 6. schwarz, 7. stumpf, 8. scharf/stark, 9. zu spät, 10. fiel/stürzte; überlebte, 11. leihen, 12. liebte, 13. stieg, 14. gewartet

Ü 3 1. nahmen wir keinen Regenschirm/Mantel mit, 2. oder du verläßt die Schule, 3. du dich nicht erkältest, 4. gewann er keine Medaille/hatte er keine Kondition, 5. sie auf die Straße kamen

Ü 4 **1.** individuelle Antwort

2.

A	B	C	D	E	F	G
f	e	c	g	a	b	d

3.

A	B	C	D	E	F
c	b	e	d	a	f

Ü 5 **1.** individuelle Antwort
2. 1. a), 2. fangen und werfen, 3. der richtige Griff; zweckmäßige Körperhaltung, 4. Daumen, Zeigefinger, Mittelfinger, Ringfinger, kleiner Finger

Ü 6 **1.** individuelle Antwort
2. Körpergewicht: Körper, wiegen, Gewicht, Waage, schwer/leicht.
Nikotingenuß: Nikotin, genießen, rauchen
Ausdauertraining: Ausdauer, trainieren, Kondition
Puls in Ruhe: Pulsschlag, pulsieren, ruhig
Puls nach Bewegung: bewegen, bewegt, schnell

Ü 7 **1.** schwimm: über Wasser halten, Schwimmkurse, Wasserratten, Anfänger, Nicht-schwimmer, Fortgeschrittene, Schulschwimmhallen, Schwimmkünste, selbst schwimmen
Kurse: Unterricht, lernen, Drei-Wochen-Kurse, Schulschwimmhallen, Zwei-Wochen-Kurse, Anfängerkurse

2.

Für wen?	Wann?	Wo?
a) Kinder und Jugendli-che, 4–16 Jahre	große Ferien	
b) Anfänger und Nicht-schwimmer	ab 2. und ab 23. August, Drei-Wochen-Kurse	Dante-, Ungerer-, Schyren-bad etc.!
c) Fortgeschrittene	2. 8.–10. 9., Zwei-Wochen-Kurse	Flurstraße etc.!
d) die ganz Kleinen	große Ferien	Informationen bei der Stadt

3. a) Schwimmkurse in den Ferien, b) 3-Wochen-Kurse für Nichtschwimmer, c) 2-Wo-chen-Kurse für Fortgeschrittene, d) Extra-Kurse für 4–6jährige

Ü 8 **1.** A: Räuber, B: Maske
2. Maske: Faschingsmaske, Greisengesicht dargestellt, wegen der Maske, Alter nicht zu schätzen
Räuber: Unbekannter, der mittelgroße grauhaarige Mann, Alter nicht zu schätzen, der enttäuschte Räuber, der Unbekannte sperrte den Tankwart, trug Cordhose
3. a): f, b): f, c): f, d): r, e): r

Ü 9 **1.** Zeile (= Z) 1: Als – daß, Z 2: der, Z 4: Als, Z 6: aber – daß, Z 7: wie, Z 8: daß, Z 10: in dem, Z 12: bevor, Z 13: was, Z 14: Als, Z 15: die, Z 17: aber wenn, Z 18: Dann,

Z 19: auf der, Z 20: daß, Z 21: Als, Z 23: Als – daß, Z 24: Nachdem, Z 25: um, Z 27: Als –
daß, Z 28: die – Ob, Z 30: vor der, Z 33: und, Z 34: die – Danach
2. Z 1–9: c, Z 14–22: b, Z 25–35: d

Ü 10 **1.:** a), **2.:** a), **3.:** b), **4.:** c)

Ü 11 **1.** a)
3. Der Vater arbeitete zu Hause, der kleine Sohn spielte im Hof. Von dort ging der kleine
Sohn auf die Straße und hinunter zur U-Bahn. Mit der U-Bahn machte er eine Fahrt zum
Marienplatz. Dort fand ihn die Polizei. Zwei Stunden später hatte der Vater seinen Sohn
wieder daheim.
4. Der Junge hatte Angst und hatte in die Hose gemacht. Ein Drogeriemarkt half mit einer
frischen Windel aus. Nur eine Frau konnte die Windeln wechseln, weil sie das bei ihren
eigenen Kinder gemacht hat/weil in der Drogerie nur eine Frau arbeitete.

Ü 12 **1.** Seniorchefin, Zirkus, Tradition, Post, praktisch, Elefantendressur, Tigerdompteur,
(Pferde)dressur, Zirkuschef, evakuiert, Zirkuslizenz, Bomben(angriff), Provisorium, Mane-
gen(spiel), Krone-Festival, Artisten, Clowns, Kostüme, komponierte und arrangierte Musik,
Konkurrenz, Film, (Sommer)tournee, Millionen, Pressechef: Winterprogramm, finanziert,
Subventionen
2.

A	B	C	D	E	F	G
2	4	8	1	3	9	5

3. 1.: f, 2.: f, 3.: r, 4.: f, 5.: r, 6.: f, 7.: r, 8.: f, 9.: r, 10.: r, 11.: f, 12.: f

Ü 13 **1.** Jugendarbeitslosigkeit
2. 456 Jugendliche, im Alter von unter 20 Jahren; 1,2 Prozent aller Arbeitslosen; knapp 1000
(Arbeitslose); rund 80 Prozent; drei Monate; bis 18 Jahren
3. Jugendarbeitslosigkeit, Arbeitsamtsdirektor, arbeitslos, Arbeitsloser, Arbeitsstellen, Arbeit, Arbeitgeber, arbeiten, Jugendarbeitsschutzgesetz
4.

Feststellungen	Gründe	Erläuterungen
1	3	5
2	6	13
4	7	14
12	8	
	9	
	10	
	11	

5. Z 1–15: c, Z 19–27: a, Z 27–33: d, Z 37–45: a

Ü 14 **1.** individuelle Antwort
2. 1250 Griechen, 90% der Hertener Griechen, vor einem zweiten Start, ein zweiter Krankenwagen; 25 Ortschaften, 10 000 Mark;
3. Griechen: in aller Welt, Hertener Griechen, Außenseiter, deutsch-griechischer Verein,
griechische Gemeinde, Griechenland, deutsch-griechische Aktion, der Grieche Prodomos,
deutsch-griechische Freundschaft
Krankenwagen: alte ausgemusterte, aber noch gut brauchbare Krankenwagen, geeignete
Fahrzeuge; ausgemustertes Krankenfahrzeug, zweiter Krankenwagen, neue Fahrzeuge.
6. Zeile 1–7: a, Z 7–13: d, Z 13–20: b, Z 20–31: d

Ü 15 **1.** individuelle Antwort
2. 1. Mädchen   2. schwer   3. deutschen   4. Fächer   5. Unterrichtsstunden   6. Auch
7. ausländische   8. Jahre alt   9. müssen   10. eine   11. dauert   12. Teilnahme   13. Kosten
14. finden   15. Adresse   16. Verbesserung   17. darauf

Ü 16 1. a) von einer Firma (Mac Fash)
b) an interessierte Verkäufer/innen
c) in der Zeitung
2. Der Originaltext der Anzeige lautet so:

Spaß an Mode

Sie möchten unseren weiteren Weg mitgestalten und mit uns gemeinsam wachsen?
Zur Verstärkung unseres Teams in Unterföhring suchen wir Sie als engagierte/n

Verkäufer/in

Sie bringen mit: - **Spaß an Mode und Verkauf**
                       - **Freude am Umgang mit Menschen**
                       - **möglichst Erfahrung in der Textilbranche**

Wir versprechen Ihnen: - **einen abwechslungsreichen Arbeitsplatz in**
                             einem netten Team
                             - **4/5-Tage-Woche**
                             - **ein leistungsgerechtes Gehalt**

Interessiert? Dann sollten Sie uns kennenlernen.
Rufen Sie uns einfach mal an oder senden Sie uns Ihre Bewerbungsunterlagen zu.

Mac Fash Textilhandels GmbH
Feringastr. 14, 8043 Unterföhring · Tel. 089/9 57 07 78, Frau Schwarz

---

Ü 18 Z 1–7: c, Z 7–15: a, Z 16–22: d, Z 22–26: d, Z 27–36: a, Z 36–42: c, Z 43–55: a,
Z 55–66: b

2.3 Lösungen zu C: Hörverstehen

Ü 1 1. a) drei Personen, b) zwei Gäste, eine Kellnerin, c) in einem Café, d) um Viertel
vor sechs, e) Wetter, Wohnung und Beruf, f) Er: Student, Taxifahrer, Rockmusiker; sie:
Bankangestellte
4. a): r, b): f, c): f, d): r, e): f, f): f

Ü 2 2. Fernseher; Küchengeräusche; Teller, die auf den Tisch gestellt werden; Türklingel;
Öffnen der Tür
3. a) 4 Personen, b) in einer Wohnung, c) Gäste kommen zum Essen
4. Herr Kugler: freundlich, ruhig; Frau Kugler: freundlich, nervös, ungeduldig, ärgerlich
5. a): r, b): f, c): r, d): r, e): f

Ü 3 1. Lufthansa Boeing 214; 35 000 Fuß Höhe; 11 000 Meter; zwei Stunden und fünf
Minuten; 12 Grad Celsius
2. Athen, München, Düsseldorf, Insel Skopelos, Thessaloniki, Skopje Ljubljana, Salzburg

Ü 4 2. a) im Radio, b) Sportsfreunde, c) Fußball/Weltmeisterschaft
3. a) Deutschland – Kolumbien 1:1, b) Italien – Tschechoslowakei 2:0, c) Jugoslawien –
Emirate 4:1, d) Österreich – USA 2:1
4. a): r, b): f, c): f, d): r, e): f

Ü 5 **1.** a) Radiosprecher, b) Radiohörer, c) im Radio/im Bayerischen Rundfunk, d) von 8.00 Uhr bis 8.05
4. Orkan: West- und Mitteleuropa, England, Niederlande, Norddeutschland; Flugzeugabsturz: New York (Long Island); Tennismeisterschaft: Australien, CSFR; Wettervorhersage: Südbayern, Alpen
5. a): f, b): f, c): f, d): f, e): r, f): f, g): r, h): f

Ü 6 **1.** a) auf einem Flughafen, b) in einem Hotel, c) im Zug, d) auf dem Bahnhof, e) in einer Schule
2. a) Reisende nach Djakarta – Wo ist der Ausgang für den Abflug? b) Herr Wechtenbrunn – Es ist 6.45, Zeit zum Aufstehen c) Passagiere des Intercity – Wo gibt es Informationen? d) Zugpassagiere – Wo hält der Zug? Welche Anschlüsse gibt es? e) Schüler – Lehrer will Hausaufgaben sehen

Ü 7 1. nein, 2. nein, 3. unklar, 4. ja, 5. unklar, 6. unklar

Ü 8 1. nichts – zum Trinken, 2. nicht – konnten ahnen, 3. nein – Ist es weit?, 4. keine – halbe Stunde, 5. kein – Café, 6. nicht – Café „Alpenblick" geöffnet, 7. nichts – zum Essen, 8. nichts – zu danken

Ü 9 **2.** a) ... unserem Tiermarkt, b) ... eine graue Katze verschwunden, c) ... hat nur ein Auge, d) ... tätowiert, e) ... rufen Sie im Studio an

Ü 10 **1.** Messer
2. Küchenmesser, Vielzweckmesser, Allzweckmesser, Allesmesser; schneiden, schaben, schälen, schlagen
3. a): f, b): r, c): r

Ü 11 1. teurer, 2. billiger, 3. teurer, 4. gleich, 5. billiger, 6. teurer, 7. billiger, 8. teurer, 9. billiger

Ü 12 **1.** Fußsohlen, 2. Arm, 3. Achsel, 4. Schulter, 5. Kopf, 6. Kinn, 7. Oberkörper, 8. Hand, 9. Fuß, 10. Wirbel, 11. Knie, 12. Fußgelenk, 13. Rücken, 14. Brustkorb
3. 1. Fußsohlen aufsetzen, 2. Arme hängen lassen, 3. Achseln über Stuhllehne einhängen, 4. Schultern zurückziehen, hängen lassen, 5. Kopf nach oben ziehen, 6. Kinn zur Decke ziehen, 7. Oberkörper hängen lassen, 8. linke Hand zieht zum Fuß, 9. zwischen den Füßen nach hinten greifen, 10. Wirbel für Wirbel aufrollen, 11. Arme zwischen die Knie hängen lassen, 12. zum Fußgelenk greifen, 13. Rücken runden, 14. Brustkorb nach vorne ziehen

Ü 13 **1.** Argumente für das Auto: Es macht beweglich; man spart Zeit; es schafft Arbeitsplätze; man ist an keinen Fahrplan gebunden; man kann überall hinfahren; man kann sehr schnell und sportlich fahren; für eine Familie ist es im Urlaub billiger als die Bahn; es schützt bei schlechtem Wetter
Argumente gegen das Auto: es verbraucht viel Rohstoff (Benzin); es verpestet die Luft in den Städten; der Wald stirbt durch die Autoabgase; es ist unwirtschaftlich; alle Autos haben vier oder mehr Sitzplätze, meist sitzt aber nur einer drin; Autos benötigen viele Straßen; Autounfälle haben viele Verletzte und Tote zur Folge
4. a): r, b): f, c): f, d): r, e): r, f): f, g): f, h): r, i): r, j): f
5. a): c, b): a

2.4 Lösungen/Lösungsvorschläge zu D: Schriftlicher Ausdruck

Ü2 1. Hauptsatz/Hauptsatz: denn, doch, entweder … oder, sondern, und 2. Hauptsatz/Hauptsatz mit Inversion: aus diesem Grund, außerdem, danach, dann, dennoch, deshalb, entweder, jedoch, schließlich, trotzdem, weder … noch, zwar 3. Hauptsatz/Nebensatz: als, bevor, bis, damit, (so) daß, nachdem, obwohl, solange, während, weil, wenn

Ü2 1. Unser Auto war plötzlich kaputt; deshalb mußten wir den Rest der Strecke zu Fuß gehen. / Wir mußten den Rest der Strecke zu Fuß gehen, denn unser Auto war plötzlich kaputt. 2. Ich bereite mich auf eine Prüfung vor. Aus diesem Grund kann ich mich zur Zeit nicht mit meinen Hobbys beschäftigen. / Ich kann mich zur Zeit nicht mit meinen Hobbys beschäftigen, denn ich bereite mich auf eine Prüfung vor. 3. Die Diskussion konnte nicht stattfinden, weil zwei Teilnehmer plötzlich krank geworden waren. / Zwei Teilnehmer waren plötzlich krank geworden; aus diesem Grund konnte die Diskussion nicht stattfinden. 4. Weil Frau Merkel in Kassel eine neue Stelle gefunden hat, zieht sie bald um. / Frau Merkel hat in Kassel eine neue Stelle gefunden; deshalb zieht sie bald um.

Ü4 1. Sie war früh im Theater; trotzdem waren schon alle Karten ausverkauft. / Sie war zwar früh im Theater, aber alle Karten waren schon ausverkauft. 2. Ich habe wenig gelernt; trotzdem will ich versuchen, die Prüfung zu bestehen. / Obwohl ich wenig gelernt habe, will ich versuchen, die Prüfung zu bestehen. 3. Obwohl viele Menschen die Ausstellung besuchten, wurden nur wenige Bilder verkauft. / Viele Menschen besuchten die Ausstellung; trotzdem wurden nur wenige Bilder verkauft. 4. Es war kein Sommer mehr; trotzdem konnte man noch gut baden. / Obwohl kein Sommer mehr war, konnte man noch gut baden. / Es war zwar kein Sommer mehr, aber man konnte noch gut baden.

Ü5 2. Wenn du nicht mitkommst, muß ich alleine gehen. 3. Wenn mir ein Unglück passiert, benachrichtigen Sie bitte meine Verwandten. 4. Wenn du mit ins Theater kommst, muß ich noch einen Platz reservieren lassen. 5. Wenn wir jetzt nicht gehen, wird es zu spät. 6. Wenn du die Stelle bekommst, müssen wir das richtig feiern.

Ü6 1. Peter hat keinen Plattenspieler, und so kannst du ihm keine Schallplatte schenken. 2. Frau Schmidt war am Montag verreist, so daß die Sitzung ohne sie stattfinden mußte. / Frau Schmidt war am Montag verreist, also mußte die Sitzung ohne sie stattfinden. 3. Es gab einen Verkehrsunfall, also mußten wir einen 5 km langen Umweg machen. / Es gab einen Verkehrsunfall, so daß wir einen 5 km langen Umweg machen mußten. 4. Es war so heiß, daß ich den ganzen Tag in der Badewanne verbrachte.

Ü7 2. Ich passe heute abend auf euer Kind auf, damit ihr ausgehen könnt. 3. Um die Prüfung zu bestehen, mußt du täglich mindestens zwei Stunden arbeiten. 4. Gestern haben sich die Abteilungsleiter versammelt, um über die schlechte finanzielle Lage der Firma zu beraten. 5. Ich helfe dir in der Küche, damit du nicht alle Arbeit alleine hast. 6. Um einen Sitzplatz zu bekommen, mußt du früh wegfahren.

Ü8 1. Die kleine Anna geht gerne in die Schule, doch natürlich spielt sie viel lieber. 2. Frank hat mit seinen Eltern Urlaub gemacht, aber Monika ist mit ihren Freunden verreist. / Frank hat mit seinen Eltern Urlaub gemacht, Monika dagegen ist mit ihren Freunden verreist. / Frank hat mit seinen Eltern Urlaub gemacht, während Monika mit ihren Freunden verreist ist. 3. Sie hat zwar ein großes theoretisches Wissen, aber sie kann dieses Wissen noch nicht praktisch anwenden. / Sie hat ein großes theoretisches Wissen, aber sie kann dieses Wissen noch nicht praktisch anwenden. 4. Frank kam mit dem Fahrrad, während Ursula zu Fuß kam. 5. Meine Freunde gingen nicht ins Kino, sondern in eine Disco.

Ü9 1. Meiner Freundin gefällt sowohl Mozart als auch Bob Dylan. / Meiner Freundin gefällt Mozart und auch Bob Dylan. 2. Michael ist ein guter Handballspieler und er kann auch ausgezeichnet Schach spielen. / Michael ist ein guter Handballspieler; außerdem kann er auch ausgezeichnet Schach spielen. / Michael ist nicht nur ein guter Handballspieler, sondern er kann auch ausgezeichnet Schach spielen. 3. Ich habe 1986 und auch 1987 keinen Urlaub gemacht. / Ich habe weder 1986 noch 1987 Urlaub gemacht. 4. Wenn man eine fremde Sprache lernt, muß man nicht nur die Grammatik lernen, sondern auch Sprechen und Schreiben. / ..., muß man neben der Grammatik auch Sprechen und Schreiben lernen. 5. Im Winterurlaub braucht man nicht nur eine gute Skiausrüstung, sondern auch warme Kleidung sowie ein gut geheiztes Appartement. / Im Winterurlaub braucht man eine gute Skiausrüstung, warme Kleidung und schließlich ein gut geheiztes Appartement. 6. In den Ferien will ich mich erholen, ich brauche auch nette Gesellschaft und schließlich möchte ich etwas Neues kennenlernen.

Ü 10 1. Nachdem der Kleine sich die Hände gewaschen hatte, putzte er seine Zähne. / Der Kleine putzte seine Zähne, doch vorher wusch er seine Hände. 2. Seit die Frau operiert worden ist, geht es ihr viel besser. 3. Du mußt solange Geduld haben, bis der Bus kommt. 4. Wenn Sie nächste Woche in Hamburg sind, dann schauen Sie doch bei Hansens vorbei. 5. Als das Gewitter anfing, waren wir zum Glück schon wieder zu Hause. 6. Ruf doch bitte kurz an, bevor du vorbeikommst. 7. Als ich sie neulich wiedertraf, erkannte ich sie kaum noch. 8. Seit ich nicht mehr in der Stadt wohne, geht es mir viel besser.

Ü 11 1. Damit 2. es 3. Das 4. es 5. Das 6. darüber 7. es 8. es 9. Darüber

Ü 12 1. Kann man da drüben gut essen? 2. Kennen Sie jemanden, der mir mein Auto reparieren kann? 3. In den meisten Großstädten kann man nur schwer einen Parkplatz finden. 4. Dort drüben ist jemand. 5. Wo ist er denn? 6. Sag mal, darf man hier eigentlich parken? 7. In unserer Straße hat jemand heute nacht ganz schön Krach gemacht. – Was hat er denn gemacht? 8. Der Rhein ist so schmutzig, da sollte man nicht mehr baden.

Ü 13 Wenn man in ein fremdes Land reist, erlebt man manche Überraschung. Schnell stellt man fest, daß in der Fremde manches anders ist als zu Hause. So ging es auch meinem Freund Willi. Er war in Woland und merkte, daß man dort anders lebt als in seiner Heimat. Doch er konnte vieles nicht verstehen. Er suchte also jemanden, der ihm alles erklären konnte. „Man versteht eigentlich alles", sagte dieser, „wenn man weiß, daß es bei uns das Wort *man* nicht gibt. Überall dort, wo ihr *man* sagt, sagt man bei uns *ich*." Ob mein Freund Willi jetzt mehr verstand?

Ü 14 1. Frau Karsten fährt ans Meer, denn sie will dort angeln. 2. Zuerst wollen wir essen. Danach können wir einen Spaziergang in den Wald machen. Dort ist schöne Luft. 3. Im Mittelalter führten die Herrscher viele Kriege. Damals war auch die Kirche sehr mächtig. 4. Karl muß in die Schule gehen, doch vorher schmiert seine Mutter ihm noch zwei Wurstbrote. 5. Vor zwei Jahren wollte Herr Grün sich ein Auto kaufen, obwohl er damals noch nicht viel Geld hatte, weil er gerade mit seinem Studium fertig war. 6. Karl kam um 11 von der Schule nach Hause. Danach ruhte er sich eine Stunde lang aus, und dann machte er seine Hausaufgaben. 7. Rotkäppchen besuchte seine kranke Oma. Auf dem Weg dorthin begegnete ihr der Wolf, der schon seit Tagen nichts mehr gegessen hatte und sehr hungrig war. 8. Rotkäppchen stand vor dem Haus. Drinnen hörte es eine Stimme, die sagte: „Komm doch herein!" 9. Gestern mußte Herr Mild zu Hause viel arbeiten. Gleichzeitig mußte er auch auf seinen kleinen Sohn aufpassen.

Ü 15 Nach meiner Geburt lebte ich mit meinen Eltern fünf Jahre in Hamburg, wo ich auch in den Kindergarten ging. Weil ich zwei Schwestern hatte, spielte ich dort am liebsten mit Jungen. Im Herbst 1953 bekam mein Vater eine Stelle in Süddeutschland, so daß wir nach Höchstadt in die Nähe von Lautersheim umzogen, wo ich dreizehn Jahre lang die Schule besuchte. Nachdem ich vier Jahre auf die Volksschule gegangen war, besuchte ich 9 Jahre lang das Gymnasium. Obwohl ich nicht sehr fleißig war, bekam ich gute Noten und galt als ein guter Schüler. Ich lernte nicht so viel, denn ich interessierte mich vor allem für meine Hobbys. Nachdem ich im Sommer 1968 das Abitur gemacht hatte, begann ich zu studieren. Obwohl ich eigentlich Chemiker werden wollte, studierte ich schließlich Philosophie, denn die Chemie lag mir nicht. Bevor ich mit dem Studium beginnen konnte, mußte ich aber meinen Militärdienst ableisten.

Ü 16

Lieber Michael,   Carcassonne, den 12. November 1992

vielen Dank für Deinen letzten Brief. Entschuldige bitte, daß ich Dir so lange nicht geschrieben habe, aber die letzten Wochen waren sehr anstrengend. Ich bin nämlich umgezogen. Meine Firma hat ein Geschäft in Carcassonne eröffnet, und ich hatte die Möglichkeit, dort Geschäftsführer zu werden. Also mußte ich umziehen. Meine Arbeit war zu Anfang sehr anstrengend, so daß ich natürlich in den ersten Monaten nicht zur Ruhe kam. Aber sie ist sehr interessant. Meine neue Wohnung liegt ganz ruhig, und ich sehe vom Balkon die wilden Berge der Pyrenäen. Ich habe auch ein kleines Gästezimmer, wo ich Besuch unterbringen kann. Ich freue mich schon darauf, daß Du mich einmal besuchst. Carcassonne ist im Vergleich zu Marseille natürlich eine kleine Stadt, so daß mir in meiner Freizeit manche Unterhaltung fehlen wird. Dafür ist die Stadt ruhiger, und die Luft ist natürlich auch sauberer. Weihnachten steht vor der Tür, und dann werde ich für ein paar Tage meine Eltern in Paris besuchen. Aber ich möchte auch bald meinen ersten Ausflug in die Pyrenäen machen.

Ich hoffe, bald von Dir zu hören, und grüße dich herzlich

Dein ...

Ü 17

BRIEF 1   ..., den 27. Juli 1990

Lieber B,

vielen Dank für Deinen letzten Brief. Es freut mich, daß Du wieder ganz gesund bist.

Letztes Wochenende habe ich ... und ... besucht. Erinnerst Du Dich noch an sie? Die beiden haben ein Haus in ...... studiert Physik und steht kurz vor ihrem Examen. B arbeitet noch immer bei der Bank, aber er sucht eine andere Stelle, denn die Arbeit gefällt ihm nicht mehr. Die beiden haben ein kleines Töchterchen, das fast ein halbes Jahr alt ist. Die Kleine heißt ... und ist sehr süß. Aber sie kann auch ganz schön schreien, so daß man gute Nerven braucht. Es war ein schöner Tag, und ich soll Dich herzlich grüßen.

Übrigens, ich habe ein neues Hobby: Ich habe mir ein gebrauchtes Surfbrett gekauft und lerne jetzt Windsurfen. Das macht viel Spaß, ist aber nicht ganz einfach, weil der Wind am Meer oft sehr stark weht. Ich hoffe, ich sehe Dich sehr bald wieder in meiner Heimat. Dann kannst Du wieder viel essen und trinken, denn schließlich schmeckt es dir hier immer so gut. Viele liebe Grüße

Dein(e) ...

BRIEF 2

Lieber ...,

vor einigen Tagen habe ich Deine Adresse wiedergefunden. Erinnerst Du Dich noch an mich und an das Restaurant in ..., wo wir uns kennengelernt haben? Du hast am Nebentisch gesessen und konntest die Speisekarte nicht lesen. So habe ich Dir die Speisekarte erklärt, und wir sind nach dem Essen noch zusammen in der Altstadt spazierengegangen.

Ich erinnere mich noch, daß Du an einer Hochschule für Landwirtschaft studierst, und da möchte ich Dich um einige Informationen bitten. Ich habe dieses Jahr meinen Militärdienst beendet und will jetzt auch Landwirtschaft studieren. Ich möchte gerne folgendes wissen: Welche Fächer werden an Deiner Hochschule unterrichtet? Gibt es in der Nähe auch Bauern, bei denen man ein Praktikum machen kann? Wie muß ich mich einschreiben und was kostet das Studium im Jahr? Schließlich: An welchen anderen Hochschulen kann man auch Landwirtschaft studieren? Ich möchte gern in einer kleineren Stadt leben und studieren. Bisher habe ich immer in ... gelebt, aber das Leben in der Großstadt ist mir zu anstrengend. Da ich nicht viel Geld zur Verfügung habe, suche ich ein billiges Zimmer. Ich kann nicht viel Geld für Wohnen und Essen ausgeben! Schreibe mir bald! Sei herzlich gegrüßt von ...

BRIEF 3

Lieber . . .,

kannst Du Dir vorstellen, wo ich diesen Brief schreibe? Im Bett! Habe ich ein Pech! Du weißt doch, daß ich so gern Biologie studieren möchte, und deshalb bereite ich mich seit längerer Zeit auf die Aufnahmeprüfung vor. Vor drei Wochen bin ich plötzlich krank geworden! Ich hatte hohes Fieber, und der Arzt wußte auch nicht genau, was mir fehlt. Es war wahrscheinlich ein Virus, aber zum Glück mußte ich nicht ins Krankenhaus. Es geht mir inzwischen viel besser, doch ich fühle mich immer noch schwach, liege viel im Bett und bleibe noch zu Hause. Meine ganzen Prüfungsvorbereitungen sind durch diese blöde Krankheit durcheinandergekommen. Ich hatte mit ein paar Freunden zusammen gelernt, aber die sind jetzt natürlich viel weiter als ich. Ab nächstem Montag will ich wieder ganz intensiv arbeiten. Eigentlich wollte ich noch ein paar Tage Urlaub machen, aber das geht jetzt natürlich nicht, denn die Prüfung ist wichtiger. Das in Kürze von mir. Ich freue mich auf unser Wiedersehen im Sommer, nach hoffentlich erfolgreicher Prüfung! Herzliche Grüße, Dein(e) . . .

Ü 18

BRIEF 4   . . ., den 13. 11. 19 . .

Liebe Petra,

vielen Dank für Deinen letzten Brief. Bitte entschuldige, daß ich erst jetzt antworte, aber ich hatte Grippe und lag 3 Wochen im Bett. Schön, daß Du bei uns studieren willst. Es ist nicht leicht, Dir zu raten. Ich schlage vor, daß Du in . . . studierst. Kennst Du die Stadt?

. . . ist eine größere Provinzstadt. Wenn Du dort studierst, hat das einige Vorteile. Das Leben ist billiger. Vielleicht kannst Du bei Freunden wohnen, die dort eine Wohnung in der Nähe der Universität haben.

Wenn Du bei diesen Freunden wohnst, dann hast Du gleich Kontakte, und das ist wichtig. Aber Du wirst auch leicht Kontakte zu Mitstudenten an der Uni finden. Das geht hier schnell.

. . . ist typisch für . . . land. In der Altstadt gibt es traditionelle Gebäude, kleine Geschäfte und Kneipen. Da treffen sich abends auch die Studenten. Die Neustadt ist modern, da sind Kaufhäuser und Shops zum Einkaufen, aber auch Discos für abends. Die Umgebung von . . . ist ländlich, es gibt Dörfer und Landwirtschaft.

In . . . hast Du natürlich kein sehr großes kulturelles Freizeitangebot. Du kannst aber Ausflüge in die Umgebung machen, dort gibt es viel zu sehen. Man kann schön wandern. Und für abends gibt es gemütliche Kneipen und ein gutes Studentenkino. Du bist ja das Großstadtleben gewöhnt. Wenn Dir die Großstadt fehlt, dann gibt es gute Eisenbahnverbindungen nach . . .; es ist nur eine Stunde Fahrt.

Ich hoffe, daß Dir mein Vorschlag gefällt! Schreib mir bald! Herzliche Grüße, Dein(e) . . .

BRIEF 5   . . ., den 2. Mai 19 . .

Lieber Joachim,

schon lange habe ich Dir nicht mehr geschrieben, aber ich hatte in den letzten Monaten sehr viel zu tun. Was? Hochzeitsvorbereitungen!!!

Ja, das ist meine Überraschung. Ich werde in vier Wochen heiraten. Es geht alles etwas schnell, aber wir haben plötzlich eine Wohnung gefunden.

Mein zukünftiger Mann heißt . . . Wir haben uns letztes Jahr in den Ferien kennengelernt, auf dem Campingplatz in . . . Wir haben damals beide an demselben Surfkurs teilgenommen. Und da ist es passiert . . .

. . . ist Bankangestellter und 32 Jahre alt, also ein Jahr jünger als ich. Er hat dunkle Haare, ist groß und schlank und ist ein fröhlicher Mensch. Er hört viel Musik und tanzt sehr gern. Er mag auch gemütliche Abende zu Hause.

Unsere neue Wohnung ist in . . ., einem Vorort von . . . Sie ist 65 m^2 groß und ziemlich preiswert. Zur Zeit kaufen wir Möbel und richten die Wohnung ein.

Nach der Hochzeit wird natürlich vieles anders. Bis jetzt habe ich alleine gewohnt, aber das Zusammenleben hat viele Vorteile. Man ist nicht mehr so alleine, und die Arbeit in der Wohnung (kochen, putzen usw.) macht zu zweit mehr Spaß.

Ich hoffe, Du kommst zur Hochzeit! Du bist herzlich eingeladen.

Herzliche Grüße, auch von . . .

Deine . . .

97

BRIEF 6 ..., den 31. 2. 19 . .

Liebe Klasse 8a!

Mein Name ist ..., ich bin Klassensprecher einer 8. Klasse der Realschule in ..., im Norden von ... land.

Wir lernen Deutsch in unserer Schule, und wir haben den Wunsch, mit einer deutschen Schulklasse in Kontakt zu kommen.

Wir sind 27 Schüler, 15 Mädchen und 12 Jungen, und wir sind zwischen 13 und 15 Jahre alt. Wir haben 29 Stunden Schule pro Woche. Unsere Klasse ist eine gute Gruppe, wir machen auch in der Freizeit viel zusammen. Wir haben eine Klassenband, die Rockmusik spielt, und eine gute gemischte Fußballmannschaft.

Wir lernen seit drei Jahren Deutsch, und wir haben 4 Stunden pro Woche. Deutsch ist unsere erste Fremdsprache. Wir haben aber nur wenige Kenntnisse über Deutschland und haben auch keine Kontakte zu Deutschen.

... ist eine ruhige Kleinstadt ... Sie hat 35 000 Einwohner. Durch ... fließt ein kleiner Fluß, die ..., und es gibt ein altes Schloß aus dem 18. Jahrhundert. In der Freizeit kann man hier nicht so viel machen, deshalb organisieren wir vieles selbst.

Ich finde, wir könnten uns erst einmal kennenlernen und Fotos von uns schicken. Dann interessiert uns, wie junge Leute in unserem Alter in Deutschland leben. Wir können auch Informationen über die Menschen und das Land austauschen – brieflich, mit Cassette oder auch Video. Und in ein, zwei Jahren könnten wir eine Klassenreise nach Heidelberg machen, oder Ihr kommt hierher.

Wie findet Ihr das? Hoffentlich habt Ihr Interesse! Wir warten auf eine Antwort.

Viele Grüße Klasse 8c.

BRIEF 7 ..., den 8. 9. 19 . .

Liebe Claudia,

schon vier Jahre haben wir nichts mehr voneinander gehört. Da habe ich gestern gedacht: Ich will doch der Claudia einmal wieder schreiben. In den letzten Jahren ist hier so viel passiert – bei Dir sicher auch.

Vor drei Jahren habe ich die Schule beendet und ich habe dann eine Ausbildung als Programmiererin gemacht. Ich arbeite jetzt in diesem Beruf und verdiene ganz gut.

Ich wohne noch zu Hause bei meinen Eltern. Es geht ihnen gut. Meine Schwester wohnt in ..., sie studiert Medizin. Mein Bruder geht noch zur Schule.

Ich denke noch gerne an unsere gemeinsamen Ferien auf dem Campingplatz in ... zurück. Wir waren eine tolle Gruppe damals und hatten viel Spaß miteinander. Erinnerst Du Dich noch an die tolle Radtour? Hast Du noch Kontakt zu den Leuten? Insgesamt geht es mir gut. Ich habe seit zwei Jahren einen Freund, aber er wohnt in ..., so daß wir uns nicht oft sehen können. Das ist natürlich nicht so schön für uns. Wir wollen nächstes Jahr eine große Reise machen, vielleicht kommen wir auch nach Deutschland. Und dann sehe ich Dich endlich wieder!

Schreib mir auch mal wieder! Wäre es nicht schön, wenn wir uns einmal wiedersehen könnten? Mach einen Vorschlag!

Herzliche Grüße

Deine ...

BRIEF 8 ..., den 11. 11. 19 . .

Liebe Angela,

heute will ich nur von mir schreiben. Du kannst ja gut zuhören. Es geht mir nicht gut, und ich bin mit meinem Leben unzufrieden. Vieles läuft nicht gut zur Zeit.

Bei uns zu Hause ist alles ziemlich eng, und ich habe kein eigenes Zimmer. Meine Eltern sind ziemlich streng und haben wenig Verständnis für mich. Abends z. B. muß ich immer früh zu Hause sein, ich habe zu wenig Freiheit.

Auch mein Studium macht mir wenig Spaß. Es ist langweilig, und ich weiß auch nicht, wie man richtig studieren soll. Und danach: Viele sind nach dem Studium arbeitslos! Ich weiß überhaupt nicht, ob sich die Mühe lohnt.

Du kennst doch Martina. Sie ist meine beste Freundin, die immer Zeit und Interesse für mich hat und mit der ich über alles sprechen kann. Martina ist vor ein paar Monaten nach ... umgezogen, und wir haben natürlich nur noch wenig Kontakt. Und dann hat sie auch einen neuen Freund, mit dem sie fast immer zusammen ist. Hier in ... habe ich noch keine neue Freundin gefunden.

Am liebsten würde ich etwas ganz anderes machen, aber ich weiß auch nicht was. Vielleicht könnte ich für ein Jahr in ein anderes Land gehen. Aber ich habe kein Geld und was soll ich dort auch machen? Hast Du vielleicht eine Idee?

Vielleicht werde ich mein Studienfach wechseln und Ökologie studieren. Das interessiert mich sehr. Dann müßte ich umziehen, weil man das hier in ... nicht studieren kann. Dort hätte ich ein eigenes Zimmer und würde auch neue Leute kennenlernen.

Schreib mir bald! Du hast immer so gute Ideen. Ich hoffe, es geht Dir besser als mir. Viele Grüße

Deine ...

2.5 Lösungsvorschläge zu E: Mündlicher Ausdruck

Vorbemerkung:
Die meisten der Übungen zum mündlichen Ausdruck sind Fragen zu Ihren Ansichten/ Meinungen etc. Das bedeutet, daß die Antworten individuell sind und es daher nicht die eine richtige Lösung gibt. Bitte sehen Sie die angeführten Lösungen als Lösungsvorschläge an!!

Ü 1 b) 1. g, 2. b, 3. f, 4. h, 5. j, 6. a, 7. c, 8. i, 9. d, 10. e
c) a. Vorsicht! b. Da drüben! c. Wo ist die Toilette? d. Taxi! e. Das weiß ich nicht. f. Zur Implerstraße? g. Zur Kasse bitte? h. Kann ich helfen? i. Danke! j. Entschuldigung!
e) 2. Die Post ist gleich da drüben! 3. Entschuldigen Sie bitte, wo ist hier die Toilette? 4. Sind Sie bitte noch frei? 5. Tut mir leid, aber das weiß ich nicht. 6. Entschuldigung, wissen Sie vielleicht, wo die Implerstraße ist? 7. Wo ist hier bitte die Kasse? 8. Kann ich ihnen vielleicht helfen? 9. Herzlichen Dank! 10. Entschuldigung, würden Sie mich bitte vorbeilassen!

Ü 2 c) 2. Tut mir leid, aber ich habe keine Uhr. 3. Herr Ober, bringen Sie mir bitte noch ein Glas Apfelsaft. 4. Entschuldigung, wissen Sie vielleicht, wo hier die nächste Straßenbahnhaltestelle ist? 5. Entschuldigung, fährt der Bus Nummer 55 nach Waldhof? 6. Können Sie mir bitte Eisenbahnen zeigen? 7. Entschuldigung, aber Sie haben auf der Bank Ihren Schirm liegengelassen. 8. Können Sie mir bitte sagen, wann der Film „E. T." anfängt? 9. Sagen Sie bitte, wo gibt es hier Schokolade? 10. Tut mir leid, aber den Wilhelmsplatz kenne ich auch nicht.
d) vergleiche Lösungsvorschläge von **Ü 2 c)**

Ü 3 c) 2. Du, ich habe auch keine Uhr dabei. 3. Willst du vielleicht noch einen Apfelsaft trinken? 4. Weißt du vielleicht, wo hier in der Nähe ein Taxistand ist? 5. Du, sag mal, wann fängt denn der Film „E. T." an? 6. Weißt du, ob das Fußballspiel heute abend im 1. oder im 2. Programm kommt? 7. Du, kannst du mir vielleicht 50 Mark leihen? Ist das möglich? 8. Sag mal, hast du vielleicht meinen Füller gesehen?

Ü 4 a) 1. Ich möchte gern heute abend ins Kino gehen. / Ich habe vor, heute abend ins Kino zu gehen. 2. Ich würde gern morgen Fußball spielen. / Ich habe Lust, morgen Fußball zu spielen. 3. Ich möchte gern in den Ferien nach Südportugal fahren. / Ich habe die Absicht, in den Ferien nach Südportugal zu fahren. 4. Ich würde gern am Wochenende mit Freunden einen Ausflug machen. / Ich habe vor, am Wochenende mit Freunden einen Ausflug zu machen. 5. Ich will ab und zu etwas Verrücktes machen. / Ich habe Lust, ab und zu etwas Verrücktes zu machen.

c)/d) 2. Sag mal, hast du Lust, daß wir heute nachmittag Fußball spielen? 3. Wir könnten doch in den Ferien nach Südportugal fahren, oder? – 4. Ich schlage vor, daß wir heute nach der Uni ein Eis essen gehen. 5. Ich habe einen Vorschlag: Ich helfe dir am Samstag, dein Auto zu reparieren. 6. Wollen wir nächste Woche zusammen chinesisch essen gehen?

Ü5 b) 2. Prima! Da bin ich dabei! 3. Ja, gut! 4. Ja, danke. 5. Okay, das können wir machen. 6. Ja, eine gute Idee! 7. Ja, das machen wir.
c) 1. mit Monika verabredet 2. keine Zeit, arbeiten 3. besser weiterarbeiten, dann eher fertig 4. zum Essen erwartet 5. heute abend zusammen mit Klaus ins Kino 6. zur Zeit nicht, sehr beschäftigt 7. gleich nach Hause
d) 1. Ich kann leider nicht, ich bin mit Monika verabredet. 2. Das geht leider nicht, ich habe keine Zeit. Ich muß arbeiten. 3. Nein, laß uns besser weiterarbeiten, dann sind wir eher fertig. 4. Tut mir leid, aber ich werde zum Essen erwartet. 5. Ich habe keine Lust zum Fernsehen, außerdem gehe ich heute abend zusammen mit Klaus ins Kino. 6. Das geht leider nicht, ich bin zur Zeit sehr beschäftigt. 7. Ich kann jetzt nicht, ich muß gleich nach Hause gehen.

Ü6 a)

	CHEF	NEUTRAL	FREUND
ZUSTIMMUNG:		1, 13	2, 3, 4, 5, 11
ABLEHNUNG:	10, 14, 18	6, 8, 12, 17	7, 9, 15, 16

c) 1. Ja, gerne. Vielen Dank! 2. Danke. 3. Das finde ich gut! Danke! 4. Ja, das können wir machen. 5. Wir kommen gern. Vielen Dank! 6. Na klar, da komme ich. 7. Schön, dann bis heute abend.
d) 2. nein danke – gerade Kaugummi 3. danke, aber – selbst kaufen 4. kann nicht – morgen früh kommt Freundin 5. Tut mir leid, aber – Theater, schon Theaterkarten 6. schade – am Wochenende Ausflug, nicht da sein 7. geht leider nicht – mit Frau ins Kino
e) 2. Nein, danke, ich habe gerade ein Kaugummi. 3. Du, danke, aber ich kaufe mir die Platte selbst. 4. Ich kann leider nicht. Morgen früh kommt meine Freundin Hilde zu mir. 5. Tut mir sehr leid, aber meine Frau und ich, wir gehen am Samstag ins Theater. Wir haben schon die Theaterkarten. 6. Schade, aber das geht nicht. Ich mache am Wochenende einen Ausflug und bin nicht da. 7. Das geht leider nicht. Meine Frau und ich, wir gehen heute abend ins Kino.

Ü7 b) 2. Ich möchte mir am Samstag ein Auto kaufen. Dürfte ich Sie um einen Gefallen bitten: Hätten Sie vielleicht Zeit, mitzukommen und mich zu beraten? 3. Frau Lutz, ich gebe am Freitag eine Party. Könnten Sie mir vielleicht ein paar Schallplatten dafür leihen? 4. Rudi, mein Radio ist kaputt. Kannst du dir das Gerät vielleicht einmal ansehen? 5. Kann ich dich um einen Gefallen bitten: Ich fahre doch in Urlaub. Kannst du meine Blumen gießen? Geht das?

Ü8 a)/b) 2. Ich habe ein paar Matheaufgaben nicht verstanden. Hast du vielleicht morgen nachmittag Zeit, mir die Aufgaben zu erklären? Kannst du um 5 Uhr? 3. Herr Lutz, wollen wir am Wochenende einmal zusammen gut essen gehen? Zum Beispiel Samstag abend? Geht es da? 4. Können wir uns vielleicht heute nachmittag treffen? Ich möchte mir einmal deinen neuen Walkman genauer ansehen. Ich möchte mir doch auch einen kaufen. 5. Wir wollen am Wochenende einen Ausflug nach Neustadt machen. Da könnten wir uns doch sehen.
c) 2. Ja, da kann ich. 3. Schön, das machen wir. 4. Natürlich, ich kann heute. 5. Prima, natürlich sehen wir uns.
d)/e) 2. Das geht nicht, ich habe selbst nicht alles verstanden. Wir können Rita fragen, die ist doch so gut in Mathe. 3. Schade, das paßt mir nicht, ich treffe mich mit ein paar Geschäftskollegen. Ich habe einen anderen Vorschlag: am nächsten Samstag. 4. Du, ich kann leider nicht, ich muß heute meiner Mutter helfen. Ich kann aber morgen. 5. Leider sind wir nicht da, wir fahren für ein paar Tage weg. Kommt doch in zwei Wochen nach Neustadt!

Ü 9 1. Ich finde es toll, daß es so gut geklappt hat. Erzähl doch mal genauer, wie es war! 2. Es tut mir leid, daß es Ihrer Frau gar nicht gut geht. Was fehlt ihr denn eigentlich? 3. Deinen neuen Rock finde ich toll. Wo hast du den denn gekauft? War er teuer? 4. Du, das ist schade. Warum klappt es denn nicht? 5. Es tut mir leid, daß du durchgefallen bist. Woran hat es denn gelegen? 6. Das freut mich aber! Muß sie denn noch im Bett liegen? 7. Das ist ja blöd. Was ist denn passiert? 8. Ich freue mich sehr, daß wir nun doch zusammen in die Ferien fahren können. Wollen wir uns am Wochenende treffen, um alles zu besprechen?

Ü 10 2. Denken Sie an den Termin mit den spanischen Weinproduzenten um 14 Uhr? Vorher wollten Sie doch noch die Informationsbroschüre über spanischen Wein durchlesen. 3. Hast du (eigentlich) vergessen, daß wir zusammen im Garten arbeiten wollen? Kannst du vielleicht Samstag nachmittag? Am Abend können wir dann zusammen ins Kino gehen. 4. Haben Sie unseren Klassenausflug vergessen? Ich schlage vor, wir machen eine Busfahrt nach Lüneburg, wandern dort und machen Picknick im Freien. 5. Sagt mal, wir wollten doch in den Zirkus gehen. Habt ihr das vergessen? Ich schlage vor, daß wir am Sonntag gehen. Da können wir doch alle.

Ü 11 b) 1. Da bin ich anderer Meinung. 2. Das stimmt (doch gar) nicht! 3. Das ist gar nicht wahr! 4. Da irrst du dich bestimmt! 5. Das kann doch gar nicht sein!

Ü 11 c) 1. Da bin ich anderer Meinung. Ich finde, Kinder müssen sich nach der Schule erst einmal ausruhen. 2. Das stimmt doch gar nicht! Ich habe sogar die beste Arbeit in der Klasse geschrieben und habe eine „eins" bekommen. 3. Das ist gar nicht wahr! Ich finde, daß wir viel Spaß gehabt haben. 4. Da irrst du dich bestimmt! Ich glaube, der höchste Berg ist der Mount Everest im Himalaja. 5. Das kann doch gar nicht sein! Es gibt doch überhaupt keine Ufos!

Ü 12 b) 2. Bitte, was haben Sie gesagt? 3. Dazu möchte ich etwas sagen. 4. Können Sie das (noch einmal) wiederholen? Ich habe Sie nicht verstanden. 5. Wie meinen Sie das? 6. Kann ich dazu etwas sagen?

Ü 13 b) 2. Bei uns in ... ist das ganz anders 3. Das ist ganz unterschiedlich: ... 4. Nun, ... 5. Vielleicht schon, ... 6. Also, bei uns ... 7. Das glaube ich nicht. 8. Das finde ich nicht richtig.

Ü 13 c) 2. Bei uns in ... ist das ganz anders. Die Menschen sind viel im Freien, treffen Freunde und gehen gern in Restaurants und Tavernen. 3. Das ist ganz unterschiedlich: manchmal drei, manchmal vier Stunden am Tag und dann die Wochenenden. 4. Nun, ich treffe gern Freunde, wir unterhalten uns oder gehen tanzen. 5. Vielleicht schon, weil sie dann frei entscheiden können. Sie können dann machen, was sie interessiert. 6. Also, bei uns sehen die Menschen auch viel fern, vor allem die älteren Menschen. Die haben oft nicht mehr so viele Interessen 7. Das glaube ich nicht. Ich habe viele Hobbys und könnte mich dann mit allen richtig beschäftigen. 8. Das finde ich nicht richtig. In seiner Freizeit sollte man vor allem etwas für sich und seine Interessen tun.

Ü 14 a) 1. Also, das hängt davon ab: ... 2. Bei uns in ... ist das ein bißchen anders 3. Nun ... 4. Das ist ganz unterschiedlich 5. Ich meine ja 6. Bei uns ... 7. So genau weiß ich das auch nicht, aber ich glaube nicht. 8. Also ...

Ü 14 b) 1. Das ist ganz unterschiedlich: Abends sind sie viel zu Hause und sehen fern. Am Wochenende machen sie kleine Ausflüge und wandern. Junge Leute unternehmen viel mit ihrer Clique zusammen, sie gehen aus, gehen in eine Disco usw. 2. Bei uns in ... ist das ein bißchen anders: Abends treffen wir oft Freunde oder Bekannte und gehen essen. Wenn es warm ist, sind wir viel draußen. Und am Wochenende machen wir Ausflüge, z. B. ans Meer.

3. Nun, ich habe täglich drei bis vier Stunden Freizeit, freitags aber schon ab 14 Uhr. Und dann habe ich natürlich die Wochenenden. 4. Das ist ganz unterschiedlich. Auch ich treffe gern meine Freunde, und wir gehen essen oder etwas trinken. Dann habe ich auch Hobbys: Ich spiele Gitarre, lese viel und spiele auch Basketball. Und am Wochenende mache ich öfters mit meiner Freundin Ausflüge. 5. Ich meine ja, das ist doch kein Problem. Jeder kann das tun, was ihm Spaß macht. Manchmal will man sich auch nur ausruhen oder man will faulenzen. Heute gibt es aber viele Möglichkeiten, seine Freizeit sinnvoll zu verbringen. 6. Bei uns haben die Menschen nicht so viel Freizeit wie in Deutschland. Aber natürlich sehen sie auch viel fern, vor allem die älteren Leute. 7. So genau weiß ich das auch nicht, aber ich glaube nicht. Ich habe viele Interessen, und ich könnte Dinge tun, für die ich sonst keine Zeit habe. Ich würde zum Beispiel gern Spanisch lernen. 8. Also, das ist schon wichtig, aber vor allem sollte man in seiner Freizeit an sich selbst denken. Man sollte das tun, was man will und was einem Spaß macht. Das ist eine Zeit, die man für sich selbst hat.

Ü 15 b) Individuelle Übung: Mögliche Antworten: 2. aufstehen: .../Schulanfang: .../... Stunden pro Tag/Hausaufgaben: ... bis ... Stunden pro Tag/in höheren Klassen ... 3. Weihnachten und Ostern .../im Sommer .../Feiertage/ist ... 4. viele ältere Lehrer: streng/jüngere Lehrer: oft anders/andere Themen/interessanter Unterricht/aber auch: verlangen viel/ältere Lehrer: mehr Verständnis/ich selbst: Lehrer der älteren Generation 5. nicht wie heute: ältere Lehrer, heute auch moderne und interessante Themen, Arbeitsgruppen/früher weniger Leistungsdruck 6. weniger Druck/Spaß am Lernen/Noten weniger wichtig 7. Vorstellen ja – in Realität: schwer

Ü 15 c) 2. Also, bei uns ..., 3. Nun ..., 4. So allgemein kann man das nicht sagen 5. Dazu kann ich folgendes sagen ... 6. Das ist schwer zu sagen ... 7. Also, ...

Ü 15 d) Individuelle Antwort! Möglich wäre z. B.: 1. Soviel ich weiß, gehen die Schüler in Deutschland nach der Grundschule in verschiedene Schulen: In die Hauptschule, die Realschule und das Gymnasium. Bei uns ... 2. Also, bei uns steht ein Schüler so um ... auf. Die Schule fängt ... an. Sie dauert ... Stunden pro Tag. Die Schüler machen ... Stunden pro Tag Hausaufgaben, in den höheren Klassen haben sie ... Hausaufgaben. 3. Nun, wir haben ... Ferien. Und Feiertage haben wir ... Das sind zusammen ... Monate. Das ist ganz schön ..., finde ich. 4. So allgemein kann man das nicht sagen. Die älteren Lehrer sind oft ein bißchen streng. Aber die jüngeren Lehrer sind oft anders. Sie unterrichten andere Themen und machen einen interessanten Unterricht. Aber sie verlangen auch viel. Die älteren Lehrer haben oft mehr Verständnis. Ich selbst hatte ... 5. Dazu kann ich folgendes sagen: Bei uns war das ... Heute hat man auch interessantere und modernere Themen. Heute gibt es auch interessante Arbeitsgruppen an den Schulen, z. B. über Computer. Früher gab es ... Leistungsdruck, die Noten waren ... 6. Das ist schwer zu sagen. Es sollte weniger Leistungsdruck geben, und das Lernen sollte mehr Spaß machen. Und dann sollten auch die Noten nicht so wichtig sein. 7. Also, vorstellen kann ich mir eine solche Schule schon, aber in der Realität ist das natürlich schwer.

Ü 16 b) 1. auch viel Wichtiges für Beruf u. Leben. 2. hat auch viele Vorteile 3. kann auch ohne eigene Wohnung selbständig werden. 4. wichtig: genau das lernen 5. für diese Berufe meist gute Schulbildung 6. auch in der Zukunft mit Beruf zufrieden

Ü 16 c) 1. Es ist schon richtig, daß man in der Schule viele nutzlose Dinge lernt; aber man lernt auch viel Wichtiges für den Beruf und für das Leben. 2. Natürlich ist man als Schüler sehr lange von seinen Eltern abhängig. Man darf aber auch nicht vergessen, daß das auch viele Vorteile hat. 3. Ohne Zweifel ist es wichtig, daß man selbständig wird. Man kann aber auch ohne eigene Wohnung selbständig werden. 4. Es stimmt, daß man zu Hause auf andere Rücksicht nehmen muß. Ich finde aber auch wichtig, daß man genau das lernt. 5. Vielleicht kann man sich manchmal einen interessanten Beruf auswählen. Man darf aber nicht vergessen, daß man für diese Berufe meist eine gute Schulbildung braucht. 6. Natürlich braucht man sein eigenes Geld. Wichtig ist aber auch, daß man auch in der Zukunft mit seinem Beruf zufrieden ist.

Ü 17 b) Individuelle Antwort! Stichpunkte: 1. Großstadt: Kleinfamilie, Großeltern leben alleine – im Dorf/auf dem Land: Großfamilie 2. Vor- und Nachteile – Vorteile: Familie selbständiger, weniger Einfluß der älteren Generation, eigenes Leben – Nachteile: Großeltern können keine Arbeiten übernehmen; z. B. auf Kinder aufpassen 3. Erfahrungen im Leben sammeln 4. selbständig; Problem: wenn Kinder 5. gut: beide arbeiten, nicht gut: einer allein macht Hausarbeit 6. schwieriges Thema: Welt nicht kinderfreundlich 7. in Deutschland: Kinder selbständig, z. B. machen ohne Eltern Ferien; viel Freizeit, können spielen – bei uns: ... 8. bestimmte Aufgaben übernehmen 9. eigene Erfahrungen sammeln 10. Gründe nennen (Schutz vor Gefahren)

Ü 17 c) 1. Das hängt davon ab. 2. Meiner Meinung nach 3. Ich meine, 4. Ich finde das (nicht) gut ... 5. Das finde ich gut (schlecht) 6. Bei uns in ... 7. So genau weiß ich das nicht, aber ich habe gehört ... 8. Ich meine ja 9. Ich bin (nicht) der Meinung, daß ... 10. Meiner Meinung nach ...

Ü 17 d) 1. Das hängt davon ab. In den Großstädten gibt es viele Kleinfamilien, da leben die Großeltern alleine in ihrer eigenen Wohnung. In den Dörfern und auf dem Land findet man noch oft die Großfamilie, in der alle zusammenleben. 2. Meiner Meinung nach hat das Vor- und Nachteile. Die Vorteile sind, daß die Familie selbständiger ist, also daß die ältere Generation weniger Einfluß hat. Die Familie hat ihr eigenes Leben. Aber es gibt auch Nachteile. Die Großeltern können keine Arbeiten übernehmen, z. B. auf die Kinder aufzupassen. Und sie haben auch viele Erfahrungen, die Kinder können von ihnen lernen. 3. Ich meine, man sollte nicht so jung heiraten. Man muß Erfahrungen im Leben sammeln und reif werden, das ist gut für die Partnerschaft und gut für die Kinder. 4. Ich finde das gut, denn die Frau ist so selbständig. Sie hat ihre eigene Arbeit, verdient ihr eigenes Geld, das heißt sie ist mit dem Mann gleichberechtigt. Probleme kann es geben, wenn Kinder da sind. Ich finde, Kinder brauchen auf alle Fälle ihre Eltern. 5. Das finde ich gut, wenn beide arbeiten und Geld verdienen. Ich finde es nicht gut, wenn einer immer zu Hause ist und die Hausarbeit machen muß. 6. Bei uns in ... haben die Familien in der Stadt weniger Kinder, die auf dem Land mehr Kinder. Kinder – ich finde, das ist ein sehr schwieriges Thema: unsere moderne Welt ist nicht sehr kinderfreundlich. 7. So genau weiß ich das nicht, aber ich habe gehört, daß die Kinder in Deutschland ziemlich selbständig sind. Sie machen zum Beispiel ohne ihre Eltern Ferien – mit Freunden oder in einer Gruppe. Sie haben auch Freizeit und können spielen. Bei uns sind sie auch selbständig, aber sie haben weniger Freizeit. Sie müssen zu Hause oder im Geschäft helfen. 8. Ich meine ja, sie sollen helfen. Sie können bestimmte Aufgaben übernehmen, zum Beispiel ihr Zimmer in Ordnung halten. Oder sie können auch bei Reparaturen helfen. Sie müssen aber auch genügend Freizeit haben. 9. Das finde ich gut. Ich bin der Meinung, daß sie selbständig werden müssen. Sie müssen eigene Erfahrungen sammeln und mit den Schwierigkeiten im Leben fertig werden. 10. Meiner Meinung nach ist das bei kleinen Kindern oft notwendig, man muß sie vor vielen Gefahren schützen. Eltern sollten aber immer den Grund sagen, wenn sie etwas verbieten. Es ist aber auch wichtig, daß Kinder ihre eigenen Erfahrungen machen können.

Ü 18 2. Ja, ich laufe manchmal, und dann fahre ich auch Rad. Ich möchte ein bißchen Bewegung haben, und ich bin auch gern in der Natur. Das ist beim Laufen und Radfahren möglich. 3. Eine ziemlich große Rolle. Wir hatten ein paar Stunden Sport in der Woche. Wir hatten auch einen Sportplatz, dort konnten wir zum Beispiel Fußball spielen oder laufen. 4. Profisport? Ich finde, wenn Leute mit Sport Geld verdienen möchten, warum nicht? Man verdient heute mit vielen Dingen Geld. Aber ich finde auch, daß Profisportler viel zu viel Geld bekommen. Warum muß so jemand mehr verdienen als ein Lehrer oder, na ja, vielleicht ein Direktor? 5. Das kann man so einfach nicht sagen. Ein bißchen Sport, ein bißchen Bewegung ist natürlich gesund. Das braucht der Körper. Aber Hochleistungssport ist, glaube ich, überhaupt nicht gesund. 6. Ich glaube, bei uns mögen die Leute Fußball nicht so sehr. Aber sehr populär ist Volleyball. Da ist unsere Nationalmannschaft auch sehr erfolgreich. Na ja, im Fernsehen werden viele Spiele übertragen, und man bekommt nur schwer eine Eintrittskarte für ein großes Spiel. Und die Zeitungen schreiben auch viel über Volleyball.

Ü 19 2. Sag mal, wie waren (denn) die Ferien mit der Jugendgruppe, ohne deine Eltern? 3. Frau Gülich, können Sie mir bitte Ihre Meinung über Kindererziehung sagen? 4. Können Sie mir sagen, warum Sie gegen extreme sportliche Leistungen sind? Welche Erfahrungen haben Sie denn als Sportler gemacht? 5. Warum haben sie denn kein Fernsehgerät, Frau Dietrich? 7. Sie haben lange Zeit im Ausland gelebt, Frau Merker? Welche Erfahrungen haben Sie denn dort gemacht? 8. Warum sind Sie denn der Meinung, daß Computer für die Entwicklung eines Kindes gefährlich sein können? 9. Warum wünschst du dir denn jetzt einen Puppenwagen? Du wolltest doch eine Katze haben! 10. Sagen Sie mir doch bitte, warum Sie viel Fahrrad fahren und kein Auto haben.

Ü 20 1. Können Sie mir sagen, warum Sie es denn für wichtig halten, daß Kinder ein Musikinstrument lernen? 2. Sagen Sie mir doch bitte, warum Sie in den Ferien immer in eine europäische Hauptstadt fahren? 3. Sie sind Expertin in gesunder Ernährung? Können Sie mir bitte einmal Ihre Meinung zu diesem Thema sagen? 4. Sagen Sie, Frau Breit, welche Erfahrungen haben Sie denn als Kindergärtnerin gemacht? 5. Warum lesen Sie denn Ihren Kindern jeden Abend ein Märchen vor, Frau Danner? Halten Sie das für wichtig? 6. Warum sind sie denn der Meinung, daß Schulkinder genügend Zeit zum Spielen brauchen? 7. Sie wollen sich einen Wohnwagen kaufen und in Zukunft nur noch Campingurlaub machen? Warum denn? Welche Erfahrungen haben Sie denn bisher im Urlaub gemacht? 8. Warum sind Sie denn der Meinung, daß das Leben in der Großstadt sehr ungesund ist? 9. Warum essen sie denn kein Fleisch, Frau Luche? Halten Sie das für ungesund? 10. Sag mal, wie findest du denn eigentlich deinen Klassenlehrer?

Ü 21 Frau Wolff ist der Ansicht, daß man eine große Wohnung braucht, um sich wohlzufühlen. Sie nennt zwei Gründe: Einmal meint sie, daß man mehr als das halbe Leben in seiner Wohnung ist, und deshalb muß man sich dort gut fühlen. Zum anderen ist es wichtig für die Entwicklung der Kinder, daß sie ein eigenes Zimmer haben. Sie weiß, daß eine große Wohnung oft teuer ist, aber sie findet, daß man bei der Kleidung sparen kann.

Ü 22 Für Herrn Wolff ist es wichtig, im Grünen zu wohnen, in einem Vorort. Das hat für ihn folgende Vorteile: Er findet dort Ruhe, gute Luft und abends nach der Arbeit Erholung. Allerdings findet er es auch wichtig, daß es gute Verkehrsverbindungen ins Zentrum und in der Nähe Geschäfte zum Einkaufen gibt.

Ü 23 Martin sagt, daß er in den Ferien mit seinen Eltern immer in den Bergen war, in Österreich oder in der Schweiz, und daß sie viel gewandert sind, Sachen angesehen haben und gespielt haben. Doch dazu hat er keine Lust mehr. Er will lieber ans Meer auf einen Campingplatz fahren, wo er junge Leute kennenlernen kann. Mit denen kann er zusammen am Strand sein, und abends können sie in die Disco gehen oder ein Feuer am Strand machen.

Ü 24 Jutta findet Haustiere gut, sie hat einen Hund. Das hat ihrer Meinung nach viele Vorteile: Sie kann mit ihrem Hund spielen, mit ihm spazierengehen oder in Biologie von ihm erzählen. Sie ist der Meinung, daß ein Hund oder eine Katze viel im Freien sein wollen und deshalb einen Garten brauchen.

Ü 25 Jutta findet es wichtig, später einen guten Beruf zu haben, denn sie will einmal mit ihrer Arbeit zufrieden sein. Deshalb will sie das Abitur machen. Einige ihrer Klassenkameraden verlassen eher die Schule; sie wollen Geld verdienen und meinen, daß sie dann selbständig sind. Aber Jutta bezweifelt, daß man ohne eine gute Berufsausbildung im Beruf zufrieden sein kann.

Ü 26 Martin findet Fernsehen nicht gut. Natürlich sieht er sich manchmal eine gute Sendung an. Aber er hält es für wichtig, mit seiner Clique zusammen zu sein, gemeinsam zu spielen, Ausflüge oder eine Party zu machen. Seine Hobbys und Sport sind auch wichtig für ihn. Er ist der Meinung, daß Fernsehen etwas für ältere Leute ist.

Ü 27 Frau Wolff ist der Meinung, daß Kinder ihre Hausaufgaben immer gleich nach der Schule machen sollen. Das hat ihrer Meinung nach die folgenden Vorteile: Einmal erinnern sie sich dann noch gut daran, was sie in der Schule gemacht haben; aber sie sind auch bald mit den Hausaufgaben fertig und haben dann den Rest des Tages Freizeit.

Ü 28 d) **Personen** (Geschlecht, Aussehen, Kleidung, Nationalität, noch andere Personen), **Beziehung zwischen den Personen** (Freundinnen, andere Personen: Freunde oder Männer), **Sachen** (Restaurant, Fotoapparat), **Wo ist das?** (an einem Tisch, im Freien, im Restaurant, im Süden), **Wann ist das?** (Mittag), **Was passiert?** (lachen, Ausflug, mit Auto, Ferien), **Was ist vielleicht vorher passiert?** (haben gegessen), **Was passiert vielleicht danach?** (nach Hause fahren) **Was ist/passiert vielleicht außerhalb des Bildes?** (Männer, Spaß)

Ü 29 Auf dem Bild sieht man drei Kinder vor einem Flugzeug. Die beiden großen sind Mädchen, und das kleine Kind ist wohl ein Junge. Sie tragen sommerliche Kleidung und haben Taschen und Rucksäcke. Wahrscheinlich sind die drei Geschwister: zwei Schwestern mit ihrem Bruder.
Das Ganze ist auf dem Flugplatz, vor einem Flugzeug. Ich glaube, es sind deutsche Kinder. Sie haben blonde Haare und sehen irgendwie deutsch aus. Und das ist auch ein deutsches Flugzeug, Lufthansa. Bestimmt fliegen sie in die Ferien. Es ist warm, Sommer, und sie fliegen auch in ein warmes Land. Vielleicht sind ihre Eltern dabei, die das Foto machen.
Da sind auf dem Boden noch zwei Körbe, die haben eine Tür, die verschlossen ist. Vielleicht sind da Tiere drin, Katzen oder kleine Hunde. Das ist komisch, denn nimmt man Katzen oder einen Hund mit dem Flugzeug in die Ferien mit? Ich weiß nicht... Die Kinder sehen fröhlich aus, bestimmt werden das schöne Ferien.

Ü 30 Auf dem Bild sehe ich eine junge Frau, einen jungen Mann und ein kleines Baby. Sie sind auf einer Wiese vor einem kleinen Zelt. Das kann ein Ehepaar mit seinem kleinen Kind sein. Ich glaube, das ist nicht auf einem Campingplatz, weil man keine Campingsachen sieht. Der Mann und die Frau haben auch keine Camping- oder Freizeitkleidung an, die tragen normale Kleidung. Vielleicht ist es bei ihnen im Garten auf dem Rasen. Vielleicht haben sie das Zelt neu gekauft und wollen es ausprobieren. Oder sie haben noch ein größeres Kind, das im Garten mit dem Zelt spielt.
Die Leute sehen glücklich aus, sie lachen. Das Bild gefällt mir, es ist schön. Es zeigt eine junge Familie, der es gut geht.

Ü 31 Man erkennt einen Mann mit einem Kind, einem Mädchen, auf der Schulter. Der Mann ist vielleicht fünfunddreißig Jahre alt, das Mädchen fünf. Vielleicht ist es ein Vater mit seiner Tochter. Die beiden sind auf einem Jahrmarkt. Es gibt viele Leute dort, und bestimmt ist es auch laut und unruhig. Der Mann hat eine Flasche Bier in der Hand, ja, die Deutschen trinken auf dem Jahrmarkt viel Bier. Ich glaube, es macht dem Kind dort keinen Spaß, es sieht nicht fröhlich aus und lacht nicht. Vielleicht stören es die vielen Menschen und der Lärm. Oder es ist müde. Vielleicht kümmert sich der Mann auch nicht um das Kind, er trinkt sein Bier und macht nicht, was das Kind will.
Ich finde das Bild nicht so gut. Da ist viel Unruhe, und dem Kind geht es nicht gut.

Ü 32 a) Themen zu Bild 5: z. B. Ferien – Ferien am Meer – Tourismus – Warum viele Menschen gerne im Süden Urlaub machen   Themen zu Bild 6: z. B. Haustiere – Meine Katze/Mein Hund und ich – Brauchen Kinder ein Haustier?   Themen zu Bild 7: z. B. Eltern und Kinder – Ferien zu Hause – Die Familie am Wochenende

Ü 33 Ich möchte etwas zu dem Thema „Ferien am Meer" sagen. Ich habe das Thema gewählt, weil ich Erfahrungen damit habe. Ich bin gerne am Meer, aber das Bild gefällt mir überhaupt nicht, weil da so schrecklich viele Menschen sind. Da ist es laut, und man kann

nichts machen, zum Beispiel Ball spielen oder am Strand herumlaufen. Im Süden, in Italien, Spanien oder Griechenland, machen sehr viele Menschen Urlaub, und deshalb gibt es oft auch viele Hotels. Dann gibt es an den Stränden, in den Hotels und in den Restaurants immer Betrieb.
Ich war auch schon ein paarmal in Italien, und das erste Mal war es so wie hier auf dem Bild. Das hat mir nicht so gut gefallen. Ich hatte keine Ruhe und habe mich nicht gut erholt. In den nächsten Jahren bin ich in ganz kleine Dörfer gefahren, wo nicht so viele Menschen ihre Ferien verbringen, und mein Urlaub war viel schöner. Ich hatte auch viel mehr Kontakt mit den Menschen dort und nicht nur mit Touristen.

Ü 34 Ich möchte hier über das Thema „Haustiere" sprechen. Ich habe das Thema gewählt, weil einige Freunde von mir ein Haustier haben, ich selbst aber nicht.
Ich habe Tiere gern, und ich spiele auch gern mit Tieren. Aber ich finde, daß Tiere nicht in eine Wohnung gehören. Ein Hund oder eine Katze zum Beispiel leben anders als ein Mensch, sie wollen im Freien spielen und rennen. In einer Wohnung geht das nicht. Und dann muß man sich viel mit den Tieren beschäftigen, man muß mit ihnen spielen, mit einem Hund muß man oft rausgehen und so weiter. Und man muß die Tiere sauberhalten. Wer macht das schon?
Ich habe Freunde, die haben Katzen, aber die Tiere müssen in einer kleinen Wohnung leben. Das ist nicht gut für die Tiere. Und für die Menschen auch nicht. Was macht man zum Beispiel in den Ferien? Meine Freunde suchen da immer jemand, der ihren Hund oder ihre Katze nimmt.
Ich finde, Tiere gehören nicht in die Wohnung. Nur wenn man einen großen Garten hat, kann ein Haustier im Freien sein, dann geht es.

Ü 35 Ich möchte gern etwas zu dem Thema „Eltern und Kinder" sagen. Ich habe dieses Thema gewählt, weil die Eltern heute immer weniger mit ihren Kindern spielen. Ich finde es schön, daß auf dem Bild der Vater mit seinen Kindern spielt. Aber oft haben die Eltern heute gar keine Zeit mehr für ihre Kinder. Vater und Mutter arbeiten, und die Kinder sind alleine zu Hause, oder jemand paßt auf sie auf. Wenn die Eltern dann nach Hause kommen, sind sie müde und haben keine Lust, sich mit ihren Kindern zu beschäftigen.
Ich selbst habe zum Glück Eltern, die sich um mich kümmern und die Zeit für mich haben. Abends spielen wir oft zusammen, und auch am Wochenende machen wir zusammen Ausflüge, gehen wandern oder fahren ins Schwimmbad. Aber das ist nicht bei allen meinen Schulfreundinnen so. Da gibt es einige, die sind am Tag alleine zu Hause. Das Essen ist fertig, das machen sie sich mittags warm. Und wenn die Eltern von der Arbeit kommen, haben sie keine Zeit für die Kinder. Das finde ich nicht gut.
Ich finde, Kinder brauchen ihre Eltern, und Eltern müssen sich um ihre Kinder kümmern und müssen auch mit ihnen spielen.

Transkriptionen

1. Texte der Modelltests zum Hörverstehen

Modelltest I, Teil A

Text 1A: Ausbildungsprobleme

Personen: **A** = Annie, **B** = Benno

1. Abschnitt

A: Sag mal, Benno, was machst du denn für ein Gesicht? Hast du Liebeskummer oder ist sonst etwas passiert?

B: Frag bloß nicht! Alles ist beschissen. Ich habe die Nase voll von der Schule. Gestern gab es 'ne fünf in Mathe und heute noch 'ne sechs in Französisch. Jetzt steht es ziemlich mies. Und dann noch diese doofen Lehrer. Ich habe einfach keine Lust mehr, dauernd in die Schule zu gehen und den Mist zu lernen.

A: Mir geht's auch manchmal so. Wenn ich mir vorstelle, daß ich bis zum Abitur noch drei Jahre in die Schule gehen muß. Aber was sollen wir denn sonst tun?

B: Ich glaube, ich hör' auf mit der Schule und suche 'ne Arbeit.

A: Geld verdienen, das wäre gar nicht so schlecht. Aber findest du so leicht eine Arbeit? Was willst du denn machen?

B: Na ja, das weiß ich auch noch nicht. Aber irgend etwas findet man schon. Ich werde halt jobben.

A: Da hätte ich schon ein bißchen Angst. Und nur wegen der blöden Schule eine Arbeit suchen...!

2. Abschnitt

B: Es ist ja nicht nur das. Ich habe auch die Alten zu Hause satt. Ich möchte da weg. Immer spionieren sie dir nach, kannst nicht tun, was du willst. Wenn du ein bißchen die Stereoanlage aufdrehst, gibt's Terror. Und die fünfzig Mark im Monat, die sie mir geben, die reichen kaum für ein paar Colas in der Disco. Stell dir vor, wenn ich arbeite, habe ich mein eigenes Geld, mein eigenes Zimmer, bin mein eigener Herr und muß nicht jedesmal eine Geschichte erfinden, wenn ich mal nach Mitternacht nach Hause komme.

A: Willst du denn gar keinen Beruf lernen?

B: Doch natürlich. Aber da hab' ich doch noch Zeit. Jetzt will ich erst mal arbeiten und Geld verdienen.

A: Ich glaube, du stellst dir das etwas sehr leicht vor. Was willst du denn arbeiten, wenn du keine Ausbildung hast, als Hilfsarbeiter auf dem Bau, acht Stunden am Tag? Und wenn die Wirtschaft nicht richtig läuft, dann stehst du plötzlich auf der Straße. Heute, wo es so viele Arbeitslose gibt. Die meisten von denen haben nichts gelernt. Und mit dem Geld ist das auch so eine Sache. Am Anfang ist das ja prima, wenn du plötzlich fünfzehnhundert Mark im Monat hast. Aber als Hilfsarbeiter kommst du nie weiter. Und wenn du einmal Frau und Kinder hast, dann reicht das hinten und vorne nicht. Das ist ganz anders mit einem richtigen Beruf, wo es auch Aufstiegschancen gibt.

3. Abschnitt

B: Schon, ich gebe zu, daß es besser ist, in einer Firma oder Bank als Angestellter zu arbeiten. Aber da mußt du erst mal einen Ausbildungsplatz finden. Der Walter Müller hat sich bei mehr als zwanzig Banken beworben, und heute sitzt er immer noch da.

A: Das sag' ich ja. Der Walter hat eben nur die Hauptschule gemacht. Heutzutage bei der großen Arbeitslosigkeit hast du nur Chancen mit einer guten Schulbildung, da brauchst du mindestens einen Realschulabschluß oder gar das Abitur. Schau, die Uschi Meiringer hat das Abitur und macht jetzt eine Lehre bei einem Arzt als Helferin. Zumindest hat sie da einige Sicherheit. Und arbeitslos wird sie da nie.

B: Die ist ja auch ein Mädchen. Soll ich etwa Krankenschwester werden? Da lachen mich doch alle aus.

A: Warum denn nicht? Es gibt genügend Krankenpfleger, die dann später noch Medizin studieren. Dann hast du so oder so eine interessante Arbeit. Und glaube ja nicht, daß die Arbeit als Hilfsarbeiter mehr Spaß macht als die Schule: jeden Morgen um 6 Uhr aufstehen, acht Stunden lang immer das Gleiche tun, keine Abwechslung, tun müssen, was der Chef sagt. Nee, da sitz' ich lieber meine vier Stunden am Tag in der Schule ab.

B: Hm, wie man's nimmt.

4. Abschnitt

A: Ich versteh' dich einfach nicht. Du warst doch bisher immer ganz gut in der Schule. Und daß du dich mit deinen Eltern nicht mehr verstehst, ist mir ganz neu. Die waren doch immer ganz vernünftig. Was ist denn bloß in dich gefahren?

B: Ach, ich hab's einfach satt. Ein ganzes Jahr mußt du dir den Quatsch von der Zehringer und dem Hauf anhören. Ausgerechnet wir müssen die blödesten Lehrer von der ganzen Schule bekommen. Da hast du einfach keine Lust mehr, etwas zu tun. Und zu Hause war die Stimmung in letzter Zeit auch nicht die beste. Mein Vater hat dauernd Ärger in der Firma.

A: Das wird ja auch wieder mal aufhören. Und warte halt: Im nächsten Jahr kriegen wir wieder andere Lehrer und haben vielleicht auch ein bißchen Glück.

B: Vielleicht hast du recht.

A: Weißt du was, Benno: Geh doch mal aufs Arbeitsamt zur Berufsberatung. Die wissen genau, was sich im Moment lohnt zu machen. Und die sagen dir auch, in welchen Berufen man später die besten Chancen hat und welche Schulzeugnisse man dafür braucht.

B: Gute Idee. Da sollte ich wirklich mal hingehen. Dafür lade ich dich jetzt auf ein Eis ein. Hast du Lust?

Modelltest I, Teil B

Text 2: Bahnhofdurchsage

Buchloe! Hier Buchloe! Der soeben auf Gleis 4 eingefahrene Nahverkehrszug aus Memmingen endet hier. Sie haben Anschluß zum Nahverkehrszug nach Geltendorf über Kaufering, planmäßige Abfahrt 10.32 Uhr, durch die Unterführung auf Gleis 3. Zum Eilzug nach Augsburg mit Kurswagen nach Dortmund über Stuttgart und Köln, fahrplanmäßige Abfahrt um 10.38 Uhr auf Gleis 5 auf diesem Bahnsteig gegenüber. Zum Eurocity „Bavaria" ohne Halt nach München durch die Unterführung auf Gleis 3. Zum Eilzug nach Memmingen über Türkheim mit Anschluß nach Bad Wörishofen um 10.54 auf Gleis 5.

Text 3: Telefonauskunft

A: Auskunft, Platz 5.
B: Guten Tag. Ich suche eine Nummer in Berlin.
A: Wie heißt der Teilnehmer?
B: Rilken.
A: Können Sie den Namen buchstabieren?
B: Ja, natürlich. Aber – Entschuldigen Sie bitte, ich habe mich geirrt! Die Dame heißt Silken, Ruth Silken.
A: Also: Siegfried, Ida, Ludwig, . . .
B: Ja.
A: Tut mir leid, unter diesem Namen habe ich keinen Anschluß.

Text 4: Nachrichten

7.00 Uhr. Guten Morgen. Heute ist Dienstag, der fünfte September. Zunächst die Übersicht: Bonn vertraut weiter auf rasche humanitäre Lösung für DDR-Flüchtlinge in Ungarn. Feste Unterkünfte für Flüchtlinge im Raum Passau bereitgestellt. Zukünftiger Generalsekretär Rühe kritisiert seinen Vorgänger Geißler scharf. Zum Wetter: Es wird besser und wärmer.

Text 5: Telefonauskunft Museen

Grüß Gott, meine Damen und Herren. Wir geben Ihnen folgende, von der Postreklame München zusammengestellten Termine für Ausstellungen und Museen bekannt: Staatliche Sammlung ägyptischer Kunst. Die ständige Ausstellung in der Residenz, Eingang Hofgartenstraße 1 beim Obelisk, Telefon 29 85 46, zeigt Denkmäler des ägyptischen Altertums. Öffnungszeiten: dienstags mit freitags von 9–16 Uhr, samstags und sonntags von 10–17 Uhr. Abendöffnung jeweils am Dienstag von 19–21 Uhr. Am Faschingssonntag geschlossen. Am Faschingsdienstag nur bis 12 Uhr geöffnet.

Text 6: Partnersuche im Radio

Und dann kommt der Thomas, 40 Jahre alt ist er. Er sucht 'ne nette Reisepartnerin bis 35. Im September, Oktober nach Amerika für vier Wochen. Er bietet dafür die Hälfte vom Flugticket nach San Francisco. Klasse Idee: Telefon 2 80 99 89. So!! Das war's! Ich wünsch' euch was! Gute Nacht noch! Toi, toi, toi für alle neuen Freundschaften, so sie denn heute Abend entstanden sein mögen. Sie werden uns wiederhören, zu Frankie-Time in der gewohnten Manier. Morgen abend um halb neun. Tschüs!

Modelltest II, Teil A

Text 7: Ferienpläne

Personen: **A** = Vater, **B** = Mutter, **C** = Sohn Martin

1. Abschnitt

A: Hast du schon wieder so einen Versandkatalog? Was soll ich dir denn jetzt schon wieder bestellen?

B: Du sollst gar nichts bestellen. Ich denke nur, daß es Zeit wird, daß wir uns überlegen, wo wir dieses Jahr unseren Urlaub verbringen. Nicht, daß du dann wieder im letzten Moment buchen willst und wir keinen Flug mehr bekommen. Ich habe mir heute in der Stadt ein paar Reiseprospekte besorgt. Du, da gibt es tolle Angebote. Da schau her.

A: (*laut lesend*) Sand, Sonne, Sardinen in Colva. Wo liegt denn das?

B: Das ist in Goa in Indien. Das muß ganz toll sein. Sieh doch mal die Palmenstrände.

A: Ausgerechnet da willst du hin! Hast du denn nicht gelesen, daß die Leute dort keinen Tourismus wollen, weil der das Land kaputt macht? Da hat es doch eine Menge Proteste gegeben. Außerdem – ich habe wirklich keine Lust, den ganzen Sommer an einem Strand zu verbringen.

2. Abschnitt

B: Aber ich! Glaubst du, das war sehr erholsam letztes Jahr in Griechenland? Zwei Wochen lang von Ruinenfeld zu Ruinenfeld – nichts als Steine! Und dann diese Hitze und fast jeden Abend die Suche nach einem Hotel. Nein, da mach' ich nicht mehr mit.

A: Aber das habe ich doch vor allem für unsere Kinder gemacht, damit die mal das antike Griechenland kennenlernen. War das nicht interessant, Martin?

C: Na ja, ganz so wild war es auch wieder nicht. Ich könnte mir spannendere Ferien vorstellen.

B: Ich will mich auf jeden Fall erholen im Urlaub: lang schlafen, spazierengehen, lesen oder gar nichts tun.

A: Und das sollst du auch. Wißt ihr was? Wir könnten ja auch mal ein Jahr zu Hause bleiben. Da leben wir in einem so schönen Land und fahren jedes Jahr für teures Geld ins Ausland, ärgern uns über die Hotels und was weiß ich noch.

B: Zu einem Urlaub gehört eben, daß man wegfährt und etwas erlebt.

A: Gerade hast du noch was ganz anderes gesagt.

3. Abschnitt

B: Hierbleiben kommt gar nicht in Frage. Da hockst du dann drei Wochen über deiner Briefmarkensammlung, und die Kinder machen uns mit ihrer Musik fertig, während ich in der Küche arbeite und das gleiche tue wie sonst das ganze Jahr über.

A: So hab' ich das wirklich nicht gemeint. Ich denke, wir könnten in der Umgebung Wanderungen machen oder Ausflüge mit dem Fahrrad, wenn das Wetter schön ist. Und kochen kann ich auch mal.

B: Ja, deine Spaghetti mit Ketchup. Die kannst du dann auch selber essen!

C: Also, das mit dem Fahrrad mache ich sowieso. Da brauche ich keine Ferien dazu. Ich wollte euch sowieso fragen, ob ich nicht mal ohne euch wegdarf. Der Axel und der Matthias wollen mit dem Zug nach Portugal und haben mich gefragt, ob ich mitkomme.

A: Also, das könnte dir so passen, daß ich dich mit deinen sechzehn Jahren schon allein weglasse! Das kommt doch gar nicht in Frage! Das ist doch viel zu gefährlich! Was heutzutage alles passiert. Und dann noch dazu in ein fremdes Land, wo du die Sprache nicht kannst und nicht weißt, wo du was zu Essen kriegst und übernachten kannst. Und so eine Reise muß man genau vorbereiten, das kannst du doch noch gar nicht.

C: Aber der Axel darf doch auch, und der ist genauso alt wie ich...

A: ...aber vernünftiger. Der hat auch die besseren Noten als du in Latein.

C: Das hat man voriges Jahr gesehen, was die guten Noten in Altgriechisch nützen, wenn man in Griechenland ein Essen bestellen will.

4. Abschnitt

B: Ich glaube, Hans, du machst dich jetzt tatsächlich lächerlich. Ich denke, wir sollten nicht soviel Angst haben. Schließlich fahren heutzutage Tausende von Schülern in fremde Länder. Im Zug kann sowieso nichts passieren, und wenn sie in Portugal in Jugendherbergen übernachten, dann brauchen wir doch keine Angst zu haben.

A: Also, das muß ich mir noch sehr überlegen, ob ich das erlaube. Auf jeden Fall will ich vorher mal mit den Eltern von dem Axel und dem Matthias reden und hören, was die denken.

B: Mir kommt da eine Idee. In dem Prospekt wird auch eine Pauschalreise an die Algarve in Portugal angeboten mit Surfschule und so. Wir könnten das doch so machen: Der Martin fährt mit seinen Freunden mit dem Zug nach Portugal, während wir beide eine Woche später fliegen. Wenn ihr dann genug habt von eurer Reise durch Portugal, dann kommt ihr zu uns und könnt mit dem Papa zusammen eine Segel- oder Surfschule machen. Und ich kann dann am Strand liegen und meinen Badeurlaub genießen.

C: Das finde ich ganz toll! Das muß dir doch auch besser gefallen, Papa, als die langweiligen Radtouren zu Hause. Das hattest du mir doch immer schon versprochen, daß du mich segeln lernen läßt.

A: Wenn ich mir's so überlege, finde ich die Idee gar nicht so schlecht.

Modelltest II, Teil B

Text 8: Telefonischer Anrufbeantworter

Sie haben die Telefonnummer 2 01 23 18 der Gemeinschaftspraxis Dr. Sigrun und Dr. Steffen Wander, Baaderstraße 40, gewählt. Sie erreichen uns täglich zu folgenden Sprechzeiten: Montag und Dienstag von 8.30–13.00 Uhr und von 14.00–17.00 Uhr. Am Mittwoch von 8.00–13.00 Uhr. Donnerstags 9.30–13.00 Uhr und

15.00–18.00 Uhr und am Freitag von 8.30–13.00 Uhr. An den Wochenenden und Feiertagen wenden Sie sich bitte an den Zahnärztlichen Notdienst unter der Telefonnummer 7 23 30 93/7 23 30 93. Ende der Durchsage.

Text 9: Studentenzimmer

Personen: **A** = Sprecher, **B** = Sprecher

A: Themen der Woche. Der zweite Beitrag: Wohnungen sind rar in der Bundesrepublik, gerade jetzt. Man muß genauer sein. Es gibt zu wenig preiswerte Wohnungen. Betroffen sind, wie könnte es anders sein, auch Studenten.

B: Das hat es wahrscheinlich noch nie gegeben: Die Universität Freiburg hat jetzt mit einer ungewöhnlichen Aktion begonnen. An allen Litfaßsäulen der Stadt, auf Plakaten in Bussen und Straßenbahnen, in kirchlichen und amtlichen Gemeindeblättern, auf Aufklebern und 500 000 Bierdeckeln. Überall ist der Slogan zu lesen:
Noch immer
Studenten suchen Zimmer.
Die Universität wirbt so bei Haus- und Wohnungsbesitzern um Sympathie für Studenten.

Text 10: Sabines neues Fahrrad

Sabine hat ein neues Fahrrad bekommen. Sie probiert es zum ersten Mal aus. „Sei vorsichtig", ruft die Mutter aus dem Fenster. „Ich bin doch kein Baby!" ruft Sabine. Sie fährt die Straße ein paarmal auf und ab, dann biegt sie um die Ecke. Sie fährt einhändig, freihändig. Das Rad ist toll. Sabine vergißt, daß sie nicht allein auf der Straße ist. Sie fängt an, Kurven zu fahren, immer von einem Bordstein zum andern.

Text 11: Verkehrsdurchsage

Und das kam hier in der Sekunde: Gong 2000 Radio Service: A 92 Deggendorf–München, Richtung München zwischen der Anschlußstelle Oberschleißheim und dem Autobahndreieck Feldmoching fährt ein Kind mit dem Fahrrad auf der Standspur.

Text 12: Spiel 77

Grüß Gott, meine Damen und Herren. Der deutsche Lottoblock gibt die Gewinnzahlen der sechsten Samstagsausspielung vom 10. Februar bekannt. Die Gewinnzahlen lauten: 10, 20, 21, 38, 46, 49, Zusatzzahl 7. Die Gewinnzahl im Spiel 77 der sechsten Samstagsausspielung vom 10. Februar lautet: 6075847. Diese Angaben erfolgen ohne Gewähr.

Modelltest III, Teil A

Text 13: Fußballer

Personen: **A** = Michael, **B** = Bernd

(U-Bahn-Geräusche, die Durchsage „Zurückbleiben bitte!" und das Schließen der Türen)

1. Abschnitt

A: Grüß dich, Bernd.
B: Mensch, Michael, sieht man dich auch wieder mal! Wo kommst du denn her?
A: Vom Fußballtraining.
B: Wo spielst du denn?
A: Bei Bayern München. Ich trainiere halt in der Jugendabteilung. Bei einem Punktespiel war ich aber noch nie dabei.
B: Gibt es bei euch auch den Dieter Kempowski?
A: Ja, den kenne ich. Der ist aber nicht mehr dabei.
B: Wieso denn nicht? Der war doch gut?
A: Ja, gut war er schon ...
B: Aber ...?
A: Na ja, er hat halt geraucht. Und da hat der Trainer ihn vor die Entscheidung gestellt, entweder die Zigaretten oder den Fußball zu lassen.
B: Der Idiot!
A: Wer? Der Dieter?
B: Nein, der Trainer.
Ansage: Nächster Halt: Messegelände!

2. Abschnitt

A: Das versteh' ich nun überhaupt nicht, Bernd. Warum soll der Trainer ein Idiot sein, wenn er dem Dieter klar macht, daß der kein Fußballer wird, wenn er raucht?
B: Na ja, ich kann sie einfach nicht leiden diese Apostel, die meinen, daß sie die Moral gefressen haben. Der Dieter hat doch recht, wenn er macht, was er will.
A: Aber nicht bei den Bayern. Das ist ein Profiklub, und wer da mitmachen will, der muß halt auch zeigen, daß es ihm ernst ist und daß er bereit ist, das aufzugeben, was ihm Spaß macht. Und der Dieter hat nicht nur Zigaretten geraucht. Er ist auch jeden Samstag bis morgens früh in Discotheken gegangen, und beim Training am Sonntag hat er nach einer halben Stunde schlapp gemacht.
B: Das kann ich mir schon denken, wie das gelaufen ist. Den hat wahrscheinlich der Trainer dauernd so dumm angeredet, daß er am Ende überhaupt keine Lust mehr hatte.
A: Ach komm, Bernd! Rede doch nicht von etwas, was du hinten und vorne nicht verstehst. Sport ist nunmal heute ein Beruf wie jeder andere. Und wer da nicht bereit ist, auch mal ein grobes Wort einzustecken und etwas zu tun, wovon er überhaupt nicht überzeugt ist, der soll es doch sein lassen.

(Geräusche beim Halt der U-Bahn, Öffnen der Türen, Ansage: „Zurückbleiben bitte", Schließen der Türen. „Nächster Halt: Theresienwiese")

3. Abschnitt

B: Es sieht so aus, als wären die Sportvereine nur noch für die Profis da und für solche, die einmal Profis werden möchten. Dabei bekommen die doch Zuschüsse vom Staat, damit bei ihnen alle Menschen jede Sportart treiben können, die ihnen Spaß macht.

A: Vielleicht ist das bei den Sechzigern so, aber nicht bei den Bayern. Das viele Geld, das die haben, kommt ausschließlich vom Fußball.

B: Da haben sie dir aber einen Bären aufgebunden, Michael. Natürlich haben die Bayern mehr Geld als andere Vereine, die nicht so erfolgreich im Fußball sind. Aber das Geld, das sie mehr verdienen, stecken sie wieder in die Profiabteilung, und die Amateure und andere Sportdisziplinen leben von den Staatsgeldern und dem, was die Mitglieder zahlen.

A: Dann verstehe ich aber überhaupt nicht, warum bei uns die Jugendabteilung im Fußball viel besser ist als in all den anderen Clubs, bei den Sechzigern, bei Unterhaching oder Türk Gücü.

B: Ganz einfach, weil sie die Schüler- und Jugendabteilung brauchen für den Profinachwuchs. Die bringen später das Geld als Spieler in der Bundesligamannschaft oder, indem man sie an andere Clubs verkauft.

(Der Zug hält an. Man hört wieder die Türen, wie sie sich öffnen, dann „Zurückbleiben bitte!" Die Türen schließen sich. „Nächster Halt: Hauptbahnhof!")

4. Abschnitt

B: Das sind doch die reinsten Sklavenhalter, die Proficlubs.

A: Mir macht es nichts aus, Sklave zu sein, wenn ich im Jahr eine Million Mark verdiene. Dafür tue ich alles.

B: Ich aber nicht; schon weil ich nicht weiß, ob ich es jemals schaffe, Profifußballer zu werden. Und auch dann gelingt es nur wenigen, soviel zu verdienen, daß sie auch nach ihrer Karriere davon leben können. Ich lerne lieber einen anständigen Beruf und habe meine Sicherheit.

A: Du hast leicht reden, Bernd. Du gehst aufs Gymnasium und kannst später studieren. Aber was macht unsereins nach der Hauptschule? Nicht einmal eine Lehrstelle als Mechaniker kriegst du, wenn du kein Abitur hast. Zu Geld komme ich nur, wenn ich einen Bankeinbruch mache oder eben Fußballstar werde.

B: Ich würde aber auf jeden Fall versuchen, noch nebenher einen Beruf zu erlernen. Nicht, daß du dann eines Tages wirklich auf der Straße sitzt.

A: Das sagt unser Sportwart beim Verein auch. Die wollen mir auch helfen, eine Lehrstelle zu finden, wenn ich nächstes Jahr aus der Schule komme und dann auch noch in der Jugendmannschaft spiele. Das ist natürlich die Bedingung. Aber ich denke schon, daß ich mit dem Fußball vorwärtskomme. Wenigstens sagen die das.

(Die U-Bahn hält wieder)

B: Ist das ‚Hauptbahnhof'? Ich muß ja raus hier. Also Servus! Mach's gut!

Modelltest III, Teil B

Text 14: IC-Durchsage

Wir begrüßen die zugestiegenen Fahrgäste im Intercity Mozart 324. Die Wagen der ersten Klasse befinden sich im vorderen Zugteil. Dahinter befindet sich unser Bordrestaurant.
Bitte beachten Sie noch folgenden Hinweis: Die Deutsche Bundesbahn führt heute eine Befragung durch, um die Gewohnheiten der Fahrgäste besser kennenzulernen. Die Forschungsgruppe Hagen wird einige der Fahrgäste befragen. Wir danken Ihnen für Ihr Verständnis und bitten um Ihre Unterstützung.

Text 15: Oldie vor 7

A: 6 Uhr und 56 Minuten. Noch vier Minuten bis 7 Uhr. Vier Minuten bis Walter. Ich verabschiede mich jetzt schon von euch und von Ihnen. Wenn Sie Lust haben: Morgen früh um fünf Uhr können Sie uns wiederhören, d. h. mich wiederhören. Vielleicht bring ich's dann morgen besser raus ... Walter, wolltest du nichts sagen ...?

B: Nein ...

A: Dann machen wir jetzt den Oldie vor sieben, nämlich ...

(Musik)

Text 16: ‚deit'-Werbung

Deit, deit, trink dich frisch, halt dich schlank. Hallo, ich bin die Karin! Ich jogge fast jeden Tag, mindestens 'ne halbe Stunde. Ich will meine Figur nämlich nicht dem Zufall überlassen. Deswegen steh' ich auch auf deit. Erstens schmeckt deit wirklich Klasse, und zweitens hat's kaum Kalorien. Ja, das bringt's. Wär doch wirklich nicht besonders clever, die verbrauchten Kalorien wieder reinzutrinken! Deit empfehl' ich Ihnen auch. – Deit, damit der Durst nicht dick macht.

Text 17: Was passiert zum ersten Mal?

Liebe Freunde, meine Damen und Herren! Ich möchte Sie ganz herzlich im Namen der Stadt Karlsberg begrüßen. Wir freuen uns sehr, daß Sie sich entschlossen haben, unserer Einladung zu folgen, um einige Tage mit uns zu verbringen. Es ist ja nicht das erste Mal, daß Besuch von unserer Partnerstadt kommt. Aber noch nie haben wir uns zusammengefunden, um gemeinsam die Erfahrungen mit unseren Verkehrsproblemen auszutauschen und zu diskutieren. Und ich hoffe sehr, daß wir wenigstens einige dieser Fragen einer Lösung näherbringen. Doch davon morgen mehr. Heute jedenfalls möchte ich Ihnen im Namen unseres Stadtrats und unserer Bevölkerung ein herzliches Willkommen zurufen.

Text 18: Alpenzerstörung

Genf. Der jährliche Ansturm von mehr als 100 Millionen Touristen gefährdet die Alpen in ihrem Bestand. Wie aus einem Bericht der Umweltschutzorganisation World Conservation Union und des Internationalen Zentrums für alpine Umwelt hervorgeht, sind die Hauptfaktoren der Umweltzerstörung in den Alpen der Autoverkehr, der Skisport und der Müll.

Modelltest IV, Teil A

Text 19: Taxifahrerin

Personen: **B** = Interviewerin, **A** = Taxifahrerin

1. Abschnitt

B: In München gibt es 2046 Funktaxis. Viele davon werden von Frauen gefahren. Helga Wiesner ist eine von ihnen. Wie alt bist du eigentlich, Helga?

A: 21 werde ich in zwei Wochen.

B: Wie bist du eigentlich dazu gekommen, als Taxifahrerin zu arbeiten?

A: Deshalb bin ich eigentlich Taxi gefahren, weil die Idee so da war, schnell Geld zu machen ohne Voraussetzung – das heißt, kein Beruf ist erforderlich, nur die Qualifikation des Führerscheins, und das hat eigentlich jeder.

B: Und die Taxiprüfung?

A: Ja, die Taxiprüfung, ja klar, das ist drei Wochen lernen, also nicht mal ein richtiges Examen, ein bißchen Streß, Angst vielleicht.

B: Du wolltest schnell Geld verdienen, warum?

A: Ja, also ich wollte unbedingt mindestens ein halbes Jahr aus Deutschland weg, ganz aus Europa. Und wenn ich das also weiter mit Kneipenjobs gemacht hätte, hätte ich wahrscheinlich drei Jahre irgendwie arbeiten müssen. Mit dem Taxifahren ging es auch wirklich schneller.

B: Wo wolltest du denn hinfahren?

A: Ah, ich wollte und ich bin nach Südamerika gefahren und bin da also ein gutes halbes Jahr unten geblieben. Es war toll.

B: Wie lange bist du dafür Taxi gefahren?

A: Im Oktober habe ich angefangen. Anfang Oktober, und geflogen bin ich Mitte Dezember, also weggeflogen nach Südamerika. Das waren also drei Monate.

2. Abschnitt

B: Du bist mit dem Oktoberfest sozusagen gleich richtig eingestiegen ins Taxigeschäft.

A: Ja, das dacht' ich so auch. Am letzten Tag hab' ich endlich meinen Taxischein bekommen, und es war noch nicht mal Mitternacht, da hatte ich meinen ersten Unfall. Ein Vollidiot ist mir von der Seite in das Auto gefahren, und es gab Totalschaden. Es war also der Flop überhaupt, war überhaupt kein toller Start.

B: Und wie ging's dann weiter?

A: Ah ja, der Taxiunternehmer, der war total nett und sagte: „Kein Problem!" und am nächsten Tag bin ich halt wieder ins Auto, und dann ist nichts mehr passiert.

B: Wieviel hast du verdient so pro Nacht, ungefähr?

A: Vom Donnerstag bis Sonntag im Durchschnitt auf jeden Fall... ja im Durchschnitt zweihundert Mark für mich.

B: In wieviel Stunden?

A: In ... es ist schwer zu sagen. Also insgesamt 12 Stunden bin ich in der Regel mit Pause gefahren. Sagen wir mal, um sechs Uhr abends Beginn der Schicht, und um sechs Uhr früh war ich wieder zu Hause. Das heißt ein, zwei Stunden Pause dazwischen. Man fährt zwischen neun und zehn Stunden im Durchschnitt.

B: Wieso bist du nachts gefahren?

A: Ich würde diesen Verkehr am Tag hier in der Stadt nicht ertragen. Und man kriegt halt öfters Stiche, weil weniger Verkehr und auch nicht so viele Taxis, glaub ich, nachts unterwegs sind wie tagsüber.

3. Abschnitt

B: Was ist denn ein Stich für einen, der nicht eingeweiht ist?

A: Ein Stich ist einmal 'ne gute Fahrt. Und dann gibt's natürlich noch etwas ganz Tolles, das sind die Clubstiche. Und das sind halt oh... mhm wie soll ich das denn sagen? Das sind halt so Nachtclubs, in den Vororten. Ja, da fährt man halt die Leute raus. Und das sind halt einfach saugute Fahrten, weil die weit draußen liegen. Ich hab' mich auch gut mit den Besitzerinnen verstanden, war ganz interessant, mit denen zu reden.

B: Mit den Besitzerinnen?

A: Ja, es gibt den Club, da wo ich meistens hingefahren bin, und da ist 'ne Frau Besitzerin und die besitzt den, managet den, sagen wir mal so, war eigentlich sehr nett.

4. Abschnitt

B: Gab es Fahrten oder Stiche, die dir besonders in Erinnerung sind?

A: Ja, eine, die war besonders lustig. Da kam ein Anruf am Taxistand, und ich wurde von einer Dame gefragt, ob der Fahrgast im Taxi seine eigene Musikcassette hören darf. Dann hat sie mir eine Adresse in der Blumenau gegeben. Dort ging also die Haustür auf und ein etwa 40 Jahre alter Mann kam raus, der ziemlich angetrunken war. Er hat sich mit einem Kuß von seiner Frau verabschiedet, ist bei mir eingestiegen und sagte: „Sie werden nicht glauben, wo Sie mich jetzt hinfahren." Dann hab ich gelacht und gesagt: „Naja, Sie werden es mir schon sagen." Dann sagte er: „Ja Sie fahren mich jetzt nach Haar, in die psychiatrische Klinik." Ich habe gesagt: „Gut, warum nicht?" Auf dem Weg dorthin fiel ihm ein, daß er sich noch kurz bei seinen Stammtischfreunden im Wirtshaus verabschieden will. Da haben wir noch fünf Minuten an seiner Stammkneipe gehalten, und auf dem Weg ins Bezirkskrankenhaus Haar erzählte er mir, es war also kurz vor Weihnachten, erzählte er mir: „Meine Frau schickt mich jetzt nach Haar, um eine Entziehungskur zu machen. Weil, erstens ist Weihnachten, da sollt' ich also ohne Alkohol auskommen. Außerdem kommen Verwandte zu Besuch und da ist kein Platz für mich." Auf der Fahrt wurde er immer lustiger und hat ganz verrückte Sachen erzählt. Als er dann ausstieg, rannte er sofort los und mit dem Kopf so gegen den Türpfosten, daß er einen Moment am Boden liegen blieb, bis jemand kam und ihn ins Krankenhaus hineinholte.

Modelltext IV, Teil B

Text 20: Intercity-Durchsage

Guten Morgen, meine Damen und Herren. Wir heißen Sie im Intercity 614 Drachenfels nach Dortmund willkommen und wünschen Ihnen eine gute Reise. Die Wagen der ersten Klasse befinden sich im hinteren Zugteil. Dort steht Ihnen auch ein Telefon zur Verfügung. Ebenfalls im hinteren Zugteil befindet sich unser Bordrestaurant. Informationen über Ankunft- und Abfahrtzeiten sowie über die Anschlüsse entnehmen Sie bitte dem „Zugbegleiter" auf Ihrem Platz.

Text 21: Opel Omega-Werbung

Personen: **A** = Frau, **B** = Mann, **C** = Sprecher

A: Hier kommt er, bahnt sich den Weg durch die Menge, Humphrey bitte ein paar ...
B: Ich seh dir in die Augen, Kleines.
A: Ein paar Worte an unsere Hörer, wie war Ihr erster Eindruck?
B: Sie haben recht. Ich bin tatsächlich ein bißchen beeindruckt.
A: Also das, das war Ihre erste Testfahrt mit dem Opel? Opel Omega?
B: Ein Tag, den man nicht so leicht vergißt.
A: Ja, also der Opel Omega hat sie ...
B: Ich glaube, dies ist der Beginn einer wunderbaren Freundschaft.
A: Oh –!
C: Testen Sie den Opel Omega bei Autohaus Muster in Musterstadt.

Text 22: Sorgentelefon

So, einen wunderschönen Abend und herzlich willkommen zum Sorgentelefon! Jeden Donnerstag wie gewohnt von 22–23 Uhr. Und in der nächsten Stunde steht Ihnen folgende Rufnummer zur Verfügung: 27 25 und dreimal die Eins. Unter dieser Rufnummer können Sie den Diplompsychologen und Psychotherapeuten aus Nürnberg, Bernd Lauschner, hier bei uns im Studio erreichen, und er wird versuchen, zu Ihren Problemen Denkanstöße zu geben. Das können Probleme sein mit Ihrem Freund, den Eltern, Probleme im Beruf, mit Kollegen, mit Freunden... Also, irgendwelche Probleme, mit denen Sie nicht mehr zurechtkommen. Hier noch einmal die Nummer: 27 25 und dreimal die Eins.

Text 23: Telefonansage Sport

Guten Tag, meine Damen und Herren. Sie hören Nachrichten vom Sportinformationsdienst. Tennis: Der Leimener Boris Becker hat bei den mit einer Million Dollar dotierten Eurocard Classics in Stuttgart das Viertelfinale erreicht. Der Weltranglistenzweite trifft nach einem 6:4, 3:6 und 6:3-Erfolg in 143 Minuten über Alexander Wolkow aus der UdSSR nun auf Olympiasieger Miloslav Mecir. Während der Tschechoslowake 6:0, 6:4 gegen den Italiener Paolo Cane gewann, verlor der Franzose Yannick Noah gegen den Schweden Jonas Svendson mit 2:6 und 4:6. Totomeldungen hören Sie unter der Rufnummer 11 61 bzw. 01 61. Ausführliche Sportnachrichten entnehmen Sie bitte der Tages- und Fachpresse. Die nächste Ansage hören Sie am Freitag gegen acht Uhr fünfzehn. Auf Wiederhören.

Text 24: Flohmarkt

Der Axel ist zweiunddreißig Jahre alt und 1,62 lang. Ja! und er hat ein blaues Auge. Nee! Blaue Augen und braune Haare und sucht eine zuverlässige Partnerin für eine lockere oder feste Beziehung, je nachdem. Heiraten ist übrigens auch nicht ausgeschlossen, sagt er. Nett und ehrlich soll sie sein, offen, tolerant, gutmütig und selbständig. – Je, ist das viel. Kennziffer 59.

2. Texte zu C: Hörverstehen im Übungsbuch

Anmerkung:
Die Sätze in Klammern beziehen sich auf die Geräusche auf der Cassette.

HV-Text 1: Im Café

Personen: **A** = Gerd Güttler, **B** = Monika Cordes, **C** = Kellnerin

(Stimmen und das Rascheln einer gelesenen Zeitung)

A: Entschuldigung, ist da noch frei?
B: Ja, bitte.
A: Ein Sauwetter ist das heute.
B: Es schneit wohl draußen?
A: Und wie!

(Schweigen)

A: Darf ich mal einen Blick in deine Zeitung tun?
B: Bitte, die kannst du behalten. Ich hab' sie schon gelesen.
C: Was kriegen wir denn?
A: Eine Tasse Kaffee, wie immer. *(Pause)*
Wohnst du hier in der Nähe?
B: Ja, gleich um die Ecke in der Isabellastraße.
A: Ich seh dich heut' zum ersten Mal hier.
B: Ich bin ja auch erst vor zwei Tagen eingezogen.
A: Ich heiße Gerd Güttler, bin hier Stammgast.
B: Und ich bin Monika Cordes. Was machst du denn?

A: Ich studiere Mathematik. Aber nebenbei arbeite ich als Taxifahrer und spiele in einer Rockband. Und du?

B: Ich fange nächste Woche bei der Dresdner Bank an. Oh, es ist schon Viertel vor sechs. Ich muß jetzt gehen und einkaufen, bevor die Läden zumachen. Ich seh' dich sicher wieder. Mach's gut!

A: Tschüs! Um die Zeit bin ich meistens hier.

HV-Text 2: Die Einladung

Personen: **A** = Frau Kugler, **B** = Herr Kugler, **C** = Herr Müller, **D** = Frau Müller

(Werbung im Fernsehen und Kochgeräusche aus der Küche.)

A: Mach doch endlich den Fernseher aus und hilf mir ein bißchen! Du willst Leute hier haben, und ich hab' die ganze Arbeit am Hals.

B: Ich komme ja gleich. Laß mich nur noch die Nachrichten sehen. Wir haben doch noch Zeit.

(Nachrichten im Fernsehen, Frau schaltet den Fernseher aus.)

A: Jetzt ist aber Schluß! Mich regt das auf. Um halb acht kommen die Müllers. Sag mal, hast du eigentlich Bier geholt?

B: Aber ja! Ein ganzer Kasten steht unten im Keller. Was gibt's eigentlich heute abend?

A: Ungarisches Gulasch mit Semmelknödeln. Man kriegt Durst davon. Da muß genügend Bier da sein.

B: Rotwein paßt aber auch gut. Ich mach schon mal zwei Flaschen auf.

A: Das kannst du doch auch noch, wenn die Leute da sind. Deck jetzt endlich den Tisch!

(Lärm von Porzellan)

A: Nicht doch das alte Geschirr aus der Küche. Mein Gott, stellst du dich wieder dumm an! Wenn Leute kommen, nimmt man doch das schöne Rosenthalge-schirr. Wozu haben wir das denn?

B: Das frag' ich mich auch manchmal.

(Herr Kugler stellt die Teller auf den Tisch. Plötzlich klingelt es.)

A: Franz, die sind ja schon da. Mach du auf, sonst brennt mein Gulasch an. Ich komm' gleich.

(Es läutet ein zweites Mal etwas ungeduldig.)

B: Ich komm' schon!

(Man hört ihn die Tür öffnen.)

B: Da sind Sie ja schon. Haben Sie's leicht gefunden?

C: Ja, ja. Guten Abend, Herr Kugler.

D: Guten Abend und herzlichen Dank für die Einladung.

A: Entschuldigen Sie. Ich mußte in der Küche erst das Feuer abstellen. Ja, sind die aber schön! Ganz herzlichen Dank für die wunderschönen Blumen! Kommen Sie doch herein und nehmen Sie Platz!

HV-Text 3: Im Flugzeug

Guten Tag, meine Damen und Herren,
Kapitän Meyer und seine Besatzung begrüßen Sie an Bord des Lufthansafluges 214 von Athen über München nach Düsseldorf. Wir haben inzwischen die Flughöhe von 35 000 Fuß, das sind etwa 11 000 Meter, erreicht und überfliegen in diesem Moment die Insel Skopelos. Unser Flug geht weiter über Thessaloniki, Skopje, Ljubljana, Salzburg. In zwei Stunden und fünf Minuten werden wir rechtzeitig in München landen. Das Wetter dort ist schön, es herrschen 12 Grad Celsius. Wir wünschen Ihnen einen angenehmen Flug.

HV-Text 4: Fußball-Weltmeisterschaft

Personen: **A** = Sprecher, **B** = Sprecher

A: Radio Arabella – Sport (*Musik*) – Radio Arabella mit dem Neuesten von der Fußball-Weltmeisterschaft in Italien – (*Musik*) Mit einem 1:1 endete die erste Bauchlandung der deutschen Elf bei der Fußball-Weltmeisterschaft in Italien. Schlimm! Die Kolumbianer hatten klarere und bessere Chancen als die deutsche Elf. An allen Ecken und Enden fehlte der gesperrte Brehme. Trotz der miserablen Vorstellung gegen die Kolumbianer – den deutschen Treffer erzielte übrigens Littbarski – beendete die deutsche Mannschaft die Vorrunde als Gruppensieger und darf am 24. Juni beim Achtelfinale wieder in Mailand spielen. Schillaci und Baggio heißen die neuen Superstars der Italiener. Nachdem Trainer Asselio Vincini seine Elf total umgebaut hat, spielen die Azzuri Traumfußball. Beim 2:0 gegen die Tschechen festigte Italien gestern den Anspruch auf den WM-Titel. Im dritten Spiel des gestrigen Tages gewann Jugoslawien gegen die Scheichs aus den Emiraten 4:1. Österreich kam gegen das Fußball-Entwicklungsland USA nicht über ein dünnes 2:1 hinaus und darf nun wieder über den Brenner nach Hause fahren.

B: Radio Jülich hat alles, was die WM daheim erst richtig schön macht. Radio Jülich der Laden für Hifi, Video und TV. Radio Jülich in der Wendenstraße 92.

HV-Text 5: Nachrichten

Bayern 2 mit Nachrichten.

8 Uhr. Hamburg. Der verheerende Orkan, der in den vergangenen 24 Stunden über West- und Mitteleuropa gerast ist, hat mehr als 70 Todesopfer gefordert. In der Bundesrepublik kamen nach jetzt vorliegenden Angaben fünf Menschen ums Leben. Der Sturm mit Spitzengeschwindigkeiten von über 170 Stundenkilometern hinterließ eine breite Spur der Verwüstung. Besonders stark betroffen war der

Süden Englands. Von dort werden allein mindestens 40 Tote gemeldet. In der aufgewühlten Nordsee gerieten mehrere Schiffe in Seenot, unter ihnen eine Fähre mit 130 Passagieren an Bord. Trotz des Drucks der Wassermassen hielten die Deiche in den Niederlanden und an den Küsten Norddeutschlands. In Hamburg hieß es, die Gefahr sei aber noch nicht gebannt.

New York: Nach wie vor ungeklärt ist, wie viele Menschen beim Absturz einer Kolumbianischen Verkehrsmaschine auf Long Island bei New York ums Leben gekommen sind. Die amerikanische Luftfahrtbehörde teilte mit, bisher habe man neun Tote geborgen. Die Boeing 707 hatte 149 Insassen an Bord. Angeblich sollen 82 von ihnen überlebt haben. Rettungsmannschaften versuchen noch immer, Opfer aus den Trümmern der kolumbianischen Passagiermaschine zu bergen. Nach Augenzeugenberichten hatte die Boeing beim Landeanflug ein Triebwerk verloren. Kurz darauf brach sie in mehrere Teile auseinander.

Melbourne: Stefan Edberg und Ivan Lendl werden am Sonntag das Finale der offenen Tennismeisterschaften von Australien bestreiten. Im Halbfinale besiegte Edberg in der vergangenen Nacht seinen schwedischen Landsmann Mats Wilander mit 6:1, 6:1 und 6:2. Anschließend bezwang Titelverteidiger Ivan Lendl aus der CSSR den Franzosen Yannick Noah ebenfalls in drei Sätzen mit 6:4, 6:1 und 6:2.

Die Vorhersage des deutschen Wetterdienstes bis morgen früh von 6.30 Uhr: Wechselnde, vielfach starke Bewölkung, wiederholt Regenschauer, in höheren Lagen mit Schnee vermischt. Tagestemperaturen 3–7 Grad, in den Alpen in 2000 Metern Höhe auf minus vier Grad sinkend. Tiefsttemperaturen der kommenden Nacht 0–3 Grad. Zeitweise lebhafter Wind aus West mit Sturmböen. Und die weiteren Aussichten für Bayern für das Wochenende: wechselhaft, mit weiteren Niederschlägen, tagsüber mild, nachts nur örtlich geringer Frost. Das waren die Nachrichten des Bayerischen Rundfunks. Acht Uhr fünf.

HV-Text 6: Lautsprecherdurchsage

Achtung Reisende mit der Lufthansamaschine L 351 nach Djakarta, begeben Sie sich bitte zu Ausgang B14.

HV-Text 7: Telefonisches Wecken

Personen **A** = Herr Bruch, **B** = Mann im Hotel

(Telefonklingeln, Abnehmen des Hörers)

A: Hallo?????
B: Guten Morgen, Herr Bruch! Sie wollten geweckt werden. Es ist jetzt 6 Uhr 45.
A: Danke, vielen Dank!

HV-Text 8: Im Zug

Wir begrüßen die zugestiegenen Fahrgäste im Intercity 515 Gutenberg. Den Fahrplan dieses Zuges und dessen Anschlüsse können Sie aus dem Informationsblatt

„Ihr Zugbegleiter" ersehen, das an Ihrem Platz ausliegt. Weitere Auskünfte erteilt Ihnen gern das Intercity-Team. Wir wünschen Ihnen eine gute Reise.

HV-Text 9: Auf dem Bahnhof

Personen: **A** = alte Frau, **B** = junger Mann, **C** = Lautsprecherstimme

(Bahnhofsgeräusche, Bremsen, Öffnen der Türen, Lautsprecheransage)

C: Hier Augsburg, hier Augsburg! Sie haben Anschluß nach Oberstdorf auf Gleis zwei.
A: Entschuldigen Sie, ist der Platz hier noch frei?
B: Ja, bitte. Aber hier dürfen Sie den Koffer nicht stehen lassen. Da kommt ja niemand mehr durch.
A: Ja, wo soll ich ihn den hintun?
B: Da oben, auf das Gepäcknetz! Warten Sie, ich helfe Ihnen.
A: Vielen Dank, junger Mann!

HV-Text 10: In der Schule

Personen: **A** = Lehrer

(Klassenzimmerlärm)

A: Ruhe bitte! So, setzt euch! Ich möchte zuerst die Hausaufgaben sehen. Peter, kannst du mal da hinten das Fenster zumachen? Es zieht. Danke! Also, ihr solltet für heute...

HV-Text 11: Wanderer

Personen: **A** = ein Mann, **B** = sein Freund, **C** = ein Dorfbewohner

A: Ah, ist ganz schön heiß allmählich. Blöd, daß wir nichts zum Trinken mitgenommen haben.
B: Wir konnten doch nicht ahnen, daß es heute so heiß wird.
   Komm, machen wir wenigstens eine Pause.
A: Wart' doch, bis wir ins nächste Dorf kommen. Da gibt es sicher ein Gasthaus. –
   Schau, da kommt einer, den können wir fragen.
B: Grüß Gott. Sagen Sie, ist es noch weit bis zum nächsten Dorf?
C: Nein, bis nach Großkossingen ist es keine halbe Stunde, wenn ihr gut geht.
B: Wo kriegen wir denn da etwas zum Essen und Trinken?
C: Ja, das ist schwierig. Wir haben bloß ein Gasthaus, und das hat heute am Montag zu.
B: Gibt es kein Café?
C: Doch, das ,Alpenblick'. Aber möglicherweise haben die auch nicht auf. Zum Essen gibt's da sowieso nichts, höchstens einen Kuchen.
A: Die Hauptsache, wir kriegen was zum Trinken.

C: Ja, bei der Hitze wird man durstig. Auf Wiedersehen.

A: Auf Wiedersehen. Und vielen Dank.

C: Nichts zu danken.

HV-Text 12: Die entlaufene Katze

Und nun wieder zu unserem Tiermarkt. In Sendling ist schon seit dem 13. September eine graue Katze verschwunden. Die entlaufene Katze hat als besonderes Merkmal nur ein Auge. Außerdem ist die verschwundene Katze an beiden Ohren tätowiert – das mit der Nummer AI 10 und M 88. Bitte, wenn Sie eine solche Katze gesehen haben, dann rufen Sie hier im Studio an unter 27 25 dreimal die Eins. Dankeschön.

HV-Text 13: Der Propagandist

Personen: **A** = Propagandist, **B** = eine Frau

A: Kommen Sie, meine Damen und Herren, treten Sie nur näher. Ja, ganz nah. Bitteschön die Dame, hierher. Vor allem die Damen möchte ich ganz nah haben. Werden Sie nur nicht eifersüchtig, mein Herr. Auch Ihnen wird es guttun, wenn Sie zu mir herkommen. Da sind Sie dann auch ganz nah bei der Dame. Nun sehen Sie mal, was ich da habe. Haben Sie's erkannt? Jawohl, es ist ein ..., ein Küchen... und es kann noch viel mehr. Es ist sozusagen ein Vielzweck..., ein Allzweck..., es ist das Alles..., der Alleskönner unter den ... Damit kann ich alles, was es in der Küche gibt, was es im Haushalt gibt, lang und groß, kurz und klein, dick und dünn, hart und weich, alles das kann ich schneiden, schaben, schälen, schlagen, was immer Sie wollen.
Und nun sehen Sie mal her, was das ... alles kann! – Also aufgepaßt meine Damen und Herren! Jetzt ist ja gar keiner mehr da von den Herren, die haben alle Angst vor dem ... Also sehen Sie, ich nehme jetzt eine Tomate, die will ich schälen. Was machen Sie denn, wenn sie einer Tomate die Haut abziehen wollen? Na???

B: Ich lege sie kurz in kochendes Wasser...

A: Jawohl, haben Sie's gehört? Sie legt sie kurz in kochendes Wasser. Und ... verbrennt sich die Finger! Das Alles ... macht das, ohne daß Sie sich die Finger verbrennen. Und wie geht das nun? Also, Sie nehmen die Tomate in die linke Hand und das ... in die rechte Hand. So!!! Halten Sie die Tomate ganz leicht. Jetzt machen Sie oben in die Tomate einen Kreuzschnitt, bis Sie fast ganz unten sind. Dann lösen Sie ganz vorsichtig mit der Rückseite des ... das Fleisch der Tomate von der Haut. So, zuerst hier links und dann auf der anderen Seite. Sehen Sie, das geht ganz leicht, kein Problem, no problem, pas de probleme, kanena provlima. Sehen Sie, das ... kann sogar Fremdsprachen, es versteht jede Tomate, ob sie aus Holland kommt, aus Italien, aus Griechenland oder sogar aus Marokko – Ahlan wa Sahlan.

B: Ja, aber wenn die Tomate noch halb grün ist ...?

A: Dann würde ich sie auch nicht schälen!

HV-Text 14: Kaufhaus Bergmann

Guten Tag, meine Damen und Herren. Das Kaufhaus Bergmann und seine Mitar-
beiter haben heute in ihrem Sonderangebot
in der Käseabteilung:
Premo Sahne, der fettarme Schlagrahm – der Becher zu 99 Pfennig
Mühlwälder Biojoghurt, der milde Vollkornjoghurt mit Früchten – 500 g zu DM 1.69
Edelweiß Torte – 100 g zu DM 1.25
Bavaria, der weiche Schimmelkäse – das Törtchen zu DM 1.99

Unsere Fleischabteilung bietet heute besonders günstig:
mageren Rindersaftschinken – 100 g zu DM 2.99
fertig gebratene Frikadellen – die 1000 g Packung zu DM 6.99
frische Hähnchenschenkel – 8 Stück DM 7.99

Und für Ihre Hausbar haben wir:
schottischen Whisky John Dill – die Flasche für DM 16,98
jugoslawischen Rotwein, Drosselfelder Cabernet – die Flasche nur DM 2,79

HV-Text 15: Gymnastikübung

Personen: **A** = Sprecher 1, **B** = Sprecherin 2

A: Es ist jetzt 6 Uhr 55, fünf Minuten vor sieben
B: Tu was für dich! Die Frühgymnastik des Familienfunks. Heute mit Dagmar
    Sternad.

Guten Morgen, liebe Hörerinnen und Hörer. Ganz gemächliche Übungen im Sitzen
auf einem Stuhl sind heute wieder angesagt. Also alle Morgenmuffel aufgepaßt,
das ist auch etwas für Sie!
Jeder x-beliebige Stuhl mit Rückenlehne eignet sich, auf dem Sie nun ganz auf-
recht sitzen, beide Fußsohlen auf dem Boden aufgesetzt haben, etwa einen halben
Meter auseinander. Und nun neigen Sie sich zuerst nach hinten gegen die Stuhllehne und lassen beide Arme sozusagen über die Stuhllehne nach hinten unten
hängen. Wenn es geht, mit den Achseln über die Stuhllehne einhängen. Die
Schultern noch weiter zurückziehen. Ganz locker hängen lassen, den Kopf etwas
nach oben ziehen, das Kinn zur Decke ziehen. Und dann den Kopf gerade ziehen,
die Arme nach vorne nehmen, die Schultern nach vorne nehmen. Und jetzt, rollend
quasi vom Kopf beginnend, mit dem Oberkörper nach vorne unten rollen, die
Hände ziehen zu den Füßen bis zum Boden hin. Aber nicht mit Gewalt ziehen,
sondern einfach den Oberkörper hängen lassen! Die linke Hand zieht zum linken
Fuß, die rechte zum rechten. Und da bleiben Sie und lassen ausnahmsweise mal
den Kopf hängen. Und dann greifen Sie mit beiden Händen zwischen den Füßen
durch nach hinten unter den Stuhl, als ob Sie etwas aufheben wollten. Und dann
versuchen Sie, den Gegenstand mehr mit der linken Hand zu erwischen. Und das
geht offensichtlich nicht, dann also mit der rechten Hand weit nach hinten greifen.
Und dann haben Sie's und rollen wieder langsam hoch zum Sitzen: Wirbel für

Wirbel, aufrollen, bis Sie wieder gegen die Stuhllehne sich nach hinten neigen, die Arme über die Stuhllehne einhängen, den Kopf gerade ziehen, das Kinn etwas zur Decke hochziehen. Und das Ganze wieder retour. Also die Arme nach vorne zwischen die Knie nach unten hängen lassen, den Kopf hängen lassen, Schultern nach vorn, und wieder mit dem Oberkörper nach unten rollen. Beide Hände greifen nun etwas mehr nach links zum linken Fußgelenk hin. – Halten – Und etwas mehr nach rechts zum rechten Fußgelenk hin. Und dann nochmals unter dem Stuhl durch mit ganz gerundetem Rücken. Und von da aus wieder Wirbel für Wirbel zum geraden Sitz hochrollen, den Kopf noch hängen lassen, die Schultern noch hängen lassen. Und dann die Schultern zurückziehen und den Kopf aufrichten. Nochmals die Schultern soweit es geht nach hinten drücken, den Brustkorb nach vorne ziehen. Und dann ziehen Sie beide Arme über die Seite nach oben, atmen tief ein und wieder aus. Die Arme über die Seite nach unten führen.
Und das war's dann wieder für heute. Ich bedanke mich. Auf Wiederhören!

HV-Text 16: Der Autowahnsinn

Personen: **A** = Udo Renner, **B** = Barbara Grün

A: Hast du das gelesen in der Zeitung? Die wollen doch tatsächlich eine Umweltsteuer von zwanzig Pfennig für jeden Liter Autobenzin verlangen. Das ist doch Wahnsinn! Da kann man sich ja bald kein Auto mehr leisten!

B: Ich finde, die haben recht. Man sollte allen Leuten das Autofahren verderben, daß keiner mehr Lust hat, sich in ein Auto zu setzen.

A: So, meinst Du? Und wie willst du dich dann fortbewegen? Zu Fuß etwa jeden Tag zweimal eine Dreiviertelstunde zum Betrieb gehen?

B: Und wenn schon. Überleg einmal, das bedeutet in der Woche mehr als sieben Stunden Bewegung. Fast so lange sitze ich nämlich sonst im Auto, und wenn ich ein paarmal im Stau stecken bleibe, dann ist es noch länger. Und da habe ich auch noch den Gestank der anderen Autos in der Nase.

A: Das hast du auch, wenn du läufst.

B: Nicht unbedingt. Ich kann ja auch Nebenstraßen gehen, wo kein Verkehr ist.

A: Wetten, daß du das wieder aufgibst, wenn das Wetter schlecht wird.

B: Dann gibt's immer noch den Bus oder die U-Bahn. Weißt du, ich seh' einfach nicht ein, daß sich jeden Morgen Tausende von Angestellten und Arbeitern auf den Weg machen und allein in einem Auto sitzen, anderen Fahrzeugen den Platz wegnehmen, Stau produzieren und noch die wertvolle Energie verbrauchen. Wenn man die alle in Busse oder Bahnen setzen könnte, wären die Staßen leer und die Leute in der Stadt könnten besser atmen.

A: Du sprichst von den Leuten in der Stadt. Das ist es ja. Die können da gar nicht mehr leben, weil sie keine Wohnung mehr finden. Und wenn sie eine finden, können sie die Miete nicht bezahlen. Also müssen sie auf dem Land leben, mindestens 25 Kilometer außerhalb der Stadt. Und da stimmt das nicht mehr mit den Bussen und Bahnen. Die fahren da nämlich nicht alle 10 Minuten, sondern nur vier- oder fünfmal am Tag. Sogar die großen Geschäfte, die

Restaurants und die Discos kannst du auf dem Land gar nicht erreichen, wenn du kein Auto hast.

B: Da hast du recht. Aber das ist ja gerade das Schlimme. Keiner geht dort mehr zu Fuß. Sogar am Sonntagnachmittag muß man sich ins Auto setzen und zum Kaffeetrinken ins nächste Dorf fahren. Und an den Abenden kommen dann die jungen Leute, fahren gelangweilt von Kneipe zu Kneipe, trinken dabei und landen schließlich an einem Baum. Weißt du, daß in Deutschland im Jahr fünfzehnhundert Menschen sterben, nur weil sie angetrunken Auto oder Motorrad fahren? Von den vielen Verletzten rede ich jetzt gar nicht.

A: Jeder ist für sich selbst verantwortlich. Und wenn einer betrunken Auto fährt, dann ist das eben seine Sache, wenn er dabei an einem Baum landet und sein Leben aufs Spiel setzt.

B: Und wenn er dabei andere gefährdet, dich oder mich? Soll ich es akzeptieren, daß uns die Autos tyrannisieren, daß du als Fußgänger überhaupt keine Rechte mehr hast, daß dich der Auto- und Motorradlärm jederzeit nerven darf?

A: Du hast sicher da und dort recht. Aber stell dir einmal vor, es gäbe überhaupt keine Autos mehr. Wir könnten zum Beispiel nicht mehr am Wochenende ins Gebirge oder an einen See zum Baden fahren. Und ein bißchen Erholung im Grünen brauchen wir doch alle.

B: Wenn das Grüne nicht noch ganz kaputt geht durch die Autos. Du weißt, daß unsere Wälder zu mehr als fünfzig Prozent krank sind. In den Alpen kommt noch die Katastrophe durch die Skipisten dazu. Die Natur wäre heute in einem viel besseren Zustand, wenn es keine Autos gäbe. Auch ich glaube natürlich nicht daran, daß wir auf die Autos wieder ganz verzichten können. In vielen Fällen sind sie tatsächlich ein Segen. Aber die Politiker sollten versuchen, alles zu tun, daß es weniger werden und daß die Leute wieder mehr auf Bus und Bahn umsteigen. Ich könnte mir sogar ein billiges Taxisystem denken.

A: Siehst du, jetzt sprichst du doch wieder fürs Auto.

✳

B: Wenn ich etwas gegen die Autos sage, dann meine ich die Privatautos. Viele Familien haben heute zwei und gar drei Autos in der Garage oder auf der Straße vor dem Haus stehen. Wenn dagegen stattdessen alle fünf Minuten vor deren Häusern ein Taxi oder ein kleinerer Bus vorbeifährt und jedermann damit überall schnell hinkommt, dann braucht man kaum noch Privatautos. Hast du schon einmal gehört, was ein Dolmuş ist?

A: Nein, das klingt so ausländisch.

B: Das sind Sammeltaxis in der Türkei. Die fahren immer die gleiche Strecke. Und die Leute können aus- und einsteigen, wo sie wollen. Bis zu zehn und mehr Passagiere haben in diesen Taxis Platz.

A: Das gäbe bei uns ein schönes Durcheinander. Was glaubst du, wie das ist, wenn die Straßen voll von solchen Taxis sind, die alle halten, wo sie gerade einen Passagier sehen? Der Verkehr muß fließen und darf nicht dauernd unterbrochen werden.

B: Wenn es nach dir ginge, müßte jeder Bürger bei seiner Geburt ein Auto bekommen und der Staat lauter Straßen bauen, die immer im Kreis herumfahren, wie auf einer Rennbahn. Nur zum Tanken und am Abend dürfen die Fahrer anhalten. Dann hast du fließenden Verkehr.

A: Mit dir kann man ja nicht diskutieren.

3. Texte zu E: Mündlicher Ausdruck im Übungsbuch

✳ = Signalton/Gong

✳✳ = Endton/Endgong

zu 1. Situationen

Ü 1b a) Vorsicht! ✳
b) Da drüben! ✳
c) Wo ist die Toilette? ✳
d) Taxi! ✳
e) Das weiß ich nicht! ✳
f) Zur Implerstraße? ✳
g) Zur Kasse bitte? ✳
h) Kann ich helfen? ✳
i) Danke! ✳
j) Entschuldigung! ✳

Ü 1d a) Vorsicht! Da kommt ein Auto!
b) Die Post ist gleich da drüben! ✳
c) Entschuldigen Sie bitte, wo ist hier die Toilette? ✳
c) Sind Sie bitte noch frei? ✳
e) Tut mir leid, aber das weiß ich nicht. ✳
f) Entschuldigung, wissen Sie vielleicht, wo die Implerstraße ist? ✳
g) Wo ist hier bitte die Kasse? ✳
h) Kann ich Ihnen vielleicht helfen? ✳
i) Herzlichen Dank! ✳
j) Entschuldigung, würden Sie mich bitte vorbeilassen! ✳

Ü 2 1. Sie fragen im Supermarkt eine Verkäuferin nach der Fleischabteilung: *Wo ist die Fleischabteilung?* ✳
2. Jemand fragt Sie nach der Uhrzeit, aber Sie haben keine Uhr bei sich: *Ich weiß nicht.* ✳
3. Sie sind in einem Restaurant und möchten noch ein Glas Apfelsaft bestellen: *Noch ein Glas Apfelsaft!* ✳
4. Sie suchen die nächste Straßenbahnhaltestelle: *Wo ist die nächste Straßenbahnhaltestelle?* ✳
5. Sie sind an der Bushaltestelle und wissen nicht, ob der Bus Nummer 55 nach Waldhof fährt: *Fährt der Bus Nummer 55 nach Waldhof?* ✳

6. Sie fragen in einem Spielwarengeschäft nach Eisenbahnen: *Zeigen Sie mir Eisenbahnen!* ✳

7. Sie sind im Park und sehen, daß eine Frau auf einer Bank ihren Schirm liegengelassen hat. Was sagen Sie ihr? *Sie haben Ihren Schirm vergessen!* ✳

8. Sie erkundigen sich telefonisch nach der Anfangszeit des Films „E. T.": *Wann fängt heute abend der Film „E. T." an?* ✳

9. Sie möchten im Supermarkt Schokolade kaufen, finden sie aber nicht: *Wo ist die Schokolade?* ✳

10. Jemand fragt Sie auf der Straße nach dem Wilhelmsplatz. Sie kennen diesen Platz aber nicht: *Ich weiß nicht.* ✳

Ü 3 1. Sie sind mit Ihrem Freund im Kaufhaus und suchen die Sportabteilung. Sie fragen ihn: *Wo ist die Sportabteilung?* ✳

2. Ihre Freundin fragt Sie nach der Uhrzeit, aber Sie haben keine Uhr dabei: *Ich habe keine Uhr dabei.* ✳

3. Sie sind mit Ihrem Freund in einem Restaurant und fragen ihn, ob er noch ein Glas Apfelsaft trinken möchte: *Noch einen Apfelsaft?* ✳

4. Sie suchen einen Taxistand in der Nähe und fragen Ihren Freund: *Wo ist in der Nähe ein Taxistand?* ✳

5. Sie fragen ihre Freundin nach der Anfangszeit des Films „E. T.": *Wann fängt der Film „E. T." an?* ✳

6. Sie wissen nicht, ob das Fußballspiel heute abend im 1. oder 2. Fernsehprogramm übertragen wird und fragen Ihren Freund: *Kommt das Fußballspiel im 1. oder 2. Programm?* ✳

7. Sie können erst morgen zur Bank gehen und wollen sich von Ihrem deutschen Freund 50 Mark leihen: *Leihst du mir 50 Mark?* ✳

8. Sie suchen Ihren Füller und fragen Ihren Freund: *Hast du meinen Füller gesehen?* ✳

Ü 4 1. Sie wollen morgen abend mit Ihrer Freundin einen Spaziergang machen. ✳
2. Sie wollen heute nachmittag mit Ihrem Freund Fußball spielen. ✳
3. Sie wollen mit Ihren Freunden in den Ferien nach Südportugal fahren. ✳
4. Sie wollen heute nach der Uni mit einer Freundin ein Eis essen gehen. ✳
5. Sie wollen am Samstag einem guten Geschäftskollegen helfen, sein Auto zu reparieren. ✳
6. Sie wollen in der nächsten Woche mit einem Freund zusammen chinesisch essen gehen. ✳

Ü 5 1. Wollen wir nachher zusammen kochen? ✳
2. Laß uns doch heute nachmittag einen Spaziergang machen! ✳
3. Wir haben noch zwei Stunden zu tun. Ich schlage vor, daß wir jetzt erst einmal eine Pause machen. ✳
4. Bleiben Sie doch hier und essen Sie mit uns zusammen! ✳
5. Wollen wir nicht nachher im Fernsehen zusammen den Krimi ansehen? ✳

6. Hast du Lust, mal wieder ins Theater zu gehen? ✳
7. Gehen wir noch ein Bier trinken? ✳

Ü 6a
1. Ja, gern! ✳
2. Ja! ✳
3. Okay! ✳
4. Ich trinke aber nur „Hennessy". ✳
5. Was gibt es noch? ✳
6. Gibt es vielleicht etwas Alkoholfreies? ✳
7. Nein! ✳
8. Danke, jetzt nicht! ✳
9. Cognac mag ich nicht! ✳
10. Entschuldigung, aber ich mag um diese Zeit keinen Alkohol. ✳
11. Nur einen? ✳
12. Ich mag jetzt keinen Alkohol. ✳
13. Ja, aber bitte nur einen kleinen. ✳
14. Entschuldigung, aber ich mag keinen Cognac. Haben Sie vielleicht ein Bier? ✳
15. Ich würde jetzt lieber ein kaltes Bier trinken! ✳
16. Nein, ich mag jetzt nicht. ✳
17. Nein, danke! ✳
18. Vielen Dank, aber bitte keinen Alkohol! ✳

Ü 6b–e
1. (höflich/formell) Nehmen Sie doch noch ein Stück Fleisch, Herr Kurze! ✳
2. (locker/Freund) Hier, magst n' Bonbon? ✳
3. (ungezwungen/natürlich) Dir gefällt meine neue Schallplatte? Nimm sie doch für ein paar Tage mit. ✳
4. (nachbarschaftlich) Wollen wir morgen früh in der Stadt einen Einkaufsbummel machen, Frau Weber? Zusammen macht es mehr Spaß. ✳
5. (höflich/formell) Darf ich Sie und Ihre Gattin für Samstagabend auf ein Glas Wein einladen? ✳
6. (locker/ungezwungen) Samstagabend mache ich 'ne Party. Du kommst doch? ✳
7. (nachbarschaftlich) Kommen Sie doch heute abend ein bißchen rüber, Herr Fromm! Dann sehen wir uns das Fußballspiel zusammen an. ✳

Ü 7
1. Sie wollen sich am Samstag vormittag einen Rock kaufen und bitten Ihre Freundin mitzukommen, weil sie einen guten Geschmack hat. ✳
2. Sie möchten sich ein Auto kaufen und bitten höflich einen Geschäftskollegen, den Sie aber nicht so gut kennen, am Samstag vormittag mit Ihnen zusammen zum Autohändler zu gehen, um Sie zu beraten. ✳
3. Sie wollen am Freitag abend eine Party geben und fragen Ihre Nachbarin, Frau Lutz, die viele gute Schallplatten hat, ob sie Ihnen einige Schallplatten leihen kann. ✳

4. Ihr Radiogerät ist plötzlich kaputt. Sie bitten einen Freund, der als Hobby Radio- und Fernsehgeräte repariert, ob er sich nicht einmal Ihr kaputtes Radiogerät ansehen kann. ✳

5. Sie fahren für drei Wochen in Urlaub und bitten Ihren Freund, ob er in dieser Zeit Ihre Blumen gießen kann. ✳

Ü 8a/b
1. Sie wollen sich heute abend im Fernsehen ein wichtiges Fußballspiel ansehen. Sie schlagen Ihrem Mann vor, dazu ein paar Freunde einzuladen und die Sportsendung gemeinsam anzusehen. ✳

2. Du hast ein paar Matheaufgaben nicht verstanden und fragst deinen Freund in der Schule, ob er Zeit hat, dir die Aufgaben zu erklären. Schlage einen Termin vor. ✳

3. Sie wollen schon lange einmal mit einem Bekannten etwas unternehmen. Sie rufen ihn an und schlagen ihm vor, am Wochenende einen Abend gemeinsam essen zu gehen. Schlagen Sie auch einen bestimmten Termin vor. ✳

4. Deine Freundin hat sich einen Walkman gekauft. Da du dir auch einen kaufen willst, möchtest du dir ihren Walkman einmal etwas genauer ansehen. Frage sie, ob das heute nachmittag möglich ist. ✳

5. Sie wollen am Wochenende einen Ausflug nach Neustadt machen und dabei auch Freunde besuchen, die dort wohnen. Rufen Sie Ihre Freunde an und fragen Sie, ob und wann ihnen Ihr Besuch recht ist. ✳

Ü 8c
1. Sie wollen sich heute abend im Fernsehen ein wichtiges Fußballspiel ansehen. Ihre Frau schlägt Ihnen vor, dazu ein paar Freunde einzuladen und die Sportsendung gemeinsam anzusehen. Stimmen Sie ihrem Vorschlag zu. ✳

2. Dein Freund ruft dich an und bittet dich, daß du ihm morgen nachmittag ein paar Matheaufgaben erklärst. Stimme zu. ✳

3. Ein Bekannter ruft Sie an. Er möchte mit Ihnen am Wochenende abends essen gehen. Stimmen Sie zu. ✳

4. Deine Freundin fragt dich, ob sie sich heute nachmittag deinen neuen Walkman einmal etwas genauer ansehen kann. Stimme zu. ✳

5. Sie wohnen in Neustadt und bekommen einen Anruf von Freunden, die am Wochenende einen Ausflug nach Neustadt machen und Sie dabei auch besuchen wollen. Stimmen Sie zu. ✳

Ü 8d
1. Sie wollen sich heute abend im Fernsehen ein wichtiges Fußballspiel ansehen. Ihre Frau schlägt Ihnen vor, dazu ein paar Freunde einzuladen und die Sportsendung gemeinsam anzusehen. Sagen Sie, warum Ihnen das nicht paßt, und machen Sie einen anderen Vorschlag. ✳

2. Dein Freund ruft dich an und bittet dich, daß du ihm morgen nachmittag ein paar Matheaufgaben erklärst. Du hast aber selbst Schwierigkeiten mit diesen Matheaufgaben und schlägst etwas anderes vor. ✳

3. Ein Bekannter ruft Sie an. Er möchte mit Ihnen am Wochenende abends essen gehen. Erklären Sie, warum es nicht geht, und machen Sie einen anderen Vorschlag. ✳

4. Deine Freundin fragt dich, ob sie sich heute nachmittag deinen neuen Walkman einmal etwas genauer ansehen kann. Erkläre ihr, warum das nicht geht, und mache ihr einen anderen Vorschlag. *

5. Sie wohnen in Neustadt und bekommen einen Anruf von Freunden, die am Wochenende einen Ausflug nach Neustadt machen und Sie dabei auch besuchen wollen. Erklären Sie, warum das nicht möglich ist, und machen Sie einen anderen Vorschlag. *

Ü 9

1. Ihr Freund hat eine wichtige Prüfung bestanden. Drücken Sie Ihre Freude darüber aus und fragen Sie ihn nach der Prüfung. *

2. Ihr Geschäftskollege Ehnert hat Ihnen erzählt, daß seine Frau krank ist und ins Krankenhaus mußte. Drücken Sie Ihr Bedauern darüber aus und fragen Sie nach Einzelheiten. *

3. Deine Mitschülerin hat einen tollen Rock an. Sage ihr, wie du den Rock findest, und frage sie nach dem Preis und wo sie ihn gekauft hat. *

4. Ihr Freund teilt Ihnen mit, daß er nun leider doch nicht mit Ihnen zusammen Ferien machen kann. Drücken Sie Ihr Bedauern darüber aus und fragen Sie nach Einzelheiten. *

5. Ihr Freund hat eine wichtige Prüfung nicht bestanden. Drücken Sie Ihr Bedauern darüber aus und fragen Sie ihn nach dem Grund für das schlechte Ergebnis. *

6. Ihr Geschäftskollege Ehnert hat Ihnen erzählt, daß seine Frau wieder gesund und zu Hause ist. Drücken Sie Ihre Freude darüber aus und fragen Sie nach Einzelheiten. *

7. Dein Freund sagt dir, daß sein neues Fahrrad schon kaputt ist. Drücke dein Bedauern darüber aus und frage nach Einzelheiten. *

8. Ihr Freund teilt Ihnen mit, daß er nun doch mit Ihnen zusammen in die Ferien fahren kann. Drücken Sie Ihre Freude darüber aus und schlagen Sie einen Termin vor, um Einzelheiten zu besprechen. *

Ü 10

1. Dein Freund wollte dir ein paar Kassetten für eine Party am Wochenende leihen, hat es aber vergessen. Erinnere ihn daran und sag ihm auch, warum du die Kassetten brauchst. *

2. Ihre Chefin, Frau Döblin, hat um 14 Uhr einen wichtigen Termin mit spanischen Weinproduzenten. Erinnern Sie sie daran und auch daran, was sie vorher noch tun wollte. *

3. Ihre Freundin wollte Ihnen ein paar Stunden bei der Gartenarbeit helfen, hat sich aber bis jetzt nicht gemeldet. Während eines Telefongesprächs erinnern Sie sie daran und machen ihr einen Vorschlag. *

4. Dein Lehrer hatte euch versprochen, daß ihr in diesem Monat einen Klassenausflug macht. Das scheint er aber vergessen zu haben. Erinnere ihn daran und schlage vor, was ihr machen könntet. *

5. Deine Eltern wollten mit dir zusammen in den Zirkus gehen, aber sie haben es wohl vergessen. Erinnere sie daran und schlage einen Termin vor, zu dem ihr alle könnt. *

Ü 11 1. Also ich finde, daß Kinder direkt nach der Schule ihre Hausaufgaben machen sollten. ✻

2. Du, ich habe gehört, daß du eine schlechte Note in der letzten Mathearbeit geschrieben hast. Was war denn los? ✻

3. Auf der Party von Susanne war es ja ziemlich langweilig, findest du nicht auch? ✻

4. Der höchste Berg der Welt? Das ist der Kilimandscharo! ✻

5. Also neulich, es wurde schon dunkel, habe ich im Westpark ein Ufo gesehen. Man konnte es deutlich sehen. ✻

Ü 12 1. Ja, das Leben ist sehr lustig. (PAUSE) Na ja, ich habe immer viel zu lachen. ✻

2. (zu schnell) Also ich finde, man sollte in den Ferien möglichst weit wegfahren. (PAUSE) (jetzt verständlich) Also ich finde, man sollte in den Ferien möglichst weit wegfahren.

3. Fernsehen ist toll. Man verbringt jeden Tag billig seine Freizeit. Und die Kinder sind ruhig, wenn sie fernsehen, viele Stunden lang. (PAUSE) Ja bitte, was denn? ✻

4. Also ich weiß noch nicht, ob ich mir jetzt ein Auto kaufen kann, denn da werden bei mir doch einige Finanzierungsprobleme auftauchen. (PAUSE) Na ja, ein Auto ist ja ziemlich teuer, und ich habe zur Zeit nicht so viel Geld. ✻

5. Ich finde, Schüler brauchen mehr Freiheit beim Lernen. (PAUSE) Na ja, ich finde, Schüler sollten mehr Einfluß darauf haben, was sie lernen. ✻

6. Also ich habe noch nie verstanden, warum Menschen eigentlich eine fremde Sprache lernen. Das ist doch verlorene Zeit. (PAUSE) Bitte, das interessiert mich, was Sie dazu sagen. ✻

zu 2. Gelenktes Gespräch

2.1 Interviews

Ü 13a 1. Die Deutschen arbeiten 38 bis 40 Stunden in der Woche, sie haben also viel Freizeit. Wissen Sie, was die Deutschen in ihrer Freizeit machen? – Sie sind viel zu Hause, trinken Bier oder Wein und sehen abends fern. ✻

2. Erzählen Sie uns doch ein bißchen, was die Menschen in Ihrem Heimatland in ihrer Freizeit machen. – Sie sind viel im Freien, treffen Freunde und gehen gern in Restaurants und Tavernen. ✻

3. Wieviel Freizeit haben Sie normalerweise? – 3 bis 4 Stunden am Tag und dann die Wochenenden. ✻

4. Erzählen Sie doch bitte ein bißchen, was Sie in Ihrer Freizeit machen. – Ich treffe gern Freunde, wir unterhalten uns oder gehen tanzen. ✻

5. Viele Menschen haben ja heute mehr Freizeit als früher. Können die Menschen mit dieser vielen freien Zeit überhaupt etwas Sinnvolles

anfangen? – Ja. Sie können dann frei entscheiden und machen, was sie wollen. ✳

6. In Deutschland bringt die viele Freizeit auch Probleme mit sich. Viele Menschen sitzen z. B. fünf, sechs Stunden am Tag vor dem Fernseher und sind ganz passiv. Sie können sich nicht mehr selbst beschäftigen. Wie ist das eigentlich in Ihrem Heimatland? – Bei uns sehen die Menschen auch viel fern, vor allem ältere Leute. Die haben oft nicht mehr so viele Interessen. ✳

7. Wenn Sie nur drei Tage in der Woche arbeiten müßten, hätten Sie dann auch Probleme mit Ihrer Freizeit? – Nein. Ich habe viele Hobbys und könnte mich dann mit allen richtig beschäftigen. ✳

8. Es gibt Leute, die sagen, daß man die Freizeit vor allem dafür braucht, um sich für die Arbeit auszuruhen und zu stärken. Wie denken Sie darüber? – In der Freizeit sollte man vor allem etwas für sich und für seine Interessen tun. ✳

Ü 13c 1. Die Deutschen arbeiten 38 bis 40 Stunden in der Woche, sie haben also viel Freizeit. Wissen Sie, was die Deutschen in Ihrer Freizeit machen? ✳

2. Erzählen Sie uns doch ein bißchen, was die Menschen in Ihrem Heimatland in ihrer Freizeit machen. ✳

3. Wieviel Freizeit haben Sie normalerweise? ✳

4. Erzählen Sie doch bitte ein bißchen, was Sie in Ihrer Freizeit machen. ✳

5. Viele Menschen haben ja heute mehr Freizeit als früher. Können die Menschen mit dieser vielen freien Zeit überhaupt etwas Sinnvolles anfangen? ✳

6. In Deutschland bringt die viele Freizeit auch Probleme mit sich. Viele Menschen sitzen z. B. fünf, sechs Stunden am Tag vor dem Fernseher und sind ganz passiv. Sie können sich nicht mehr selbst beschäftigen. Wie ist das eigentlich in Ihrem Heimatland? ✳

7. Wenn Sie nur drei Tage in der Woche arbeiten müßten, hätten Sie dann auch Probleme mit Ihrer Freizeit? ✳

8. Es gibt Leute, die sagen, daß man die Freizeit vor allem dafür braucht, um sich für die Arbeit auszuruhen und zu stärken. Wie denken Sie darüber? ✳

Ü 15 1. Was wissen Sie über die Schule in der Bundesrepublik Deutschland? Was ist dort anders als in Ihrem Heimatland? ✳

2. Erzählen Sie einmal ein bißchen genauer, wie ein normaler Schultag bei Ihnen aussieht; d. h. wann steht ein Schüler morgens auf, wann beginnt die Schule, wie viele Stunden hat er pro Tag, wie lange macht er Hausaufgaben usw.? ✳

3. Welche Ferien haben Sie? Wie lange dauern sie? Ist das ausreichend? ✳

4. Wie sind denn die Lehrer bei Ihnen? Erzählen Sie mal ein bißchen, auch von eigenen Erfahrungen! ✳

5. Macht Ihnen die Schule Spaß? Oder wenn Sie nicht mehr in die Schule gehen: Hat sie Ihnen Spaß gemacht? Warum? / Warum nicht? ✳

6. Sicher gibt es Dinge in der Schule, die Sie nicht so gut finden und die anders sein sollten. Was sollte Ihrer Meinung nach in der Schule anders sein? Wie sollte die Schule sein? ✱

7. Können Sie sich eine Schule ohne Noten und Hausaufgaben vorstellen? Was meinen Sie dazu? ✱

Ü 16

1. Ich habe die Erfahrung gemacht, daß man in der Schule viele nutzlose Dinge lernt. – Haben Sie auch diese Erfahrung gemacht? ✱

2. Als Schüler ist man zu lange von seinen Eltern abhängig, man wird nicht erwachsen. – Was denken Sie darüber? ✱

3. Nur wenn man eine eigene Wohnung hat, wird man früh selbständig. – Denken Sie auch so? ✱

4. Zu Hause kann man nicht machen, was man will, und man muß immer Rücksicht auf andere nehmen. – Ist das wirklich so? ✱

5. Man kann sich einen Beruf auswählen, in dem man viel herumkommt und die Welt kennenlernt. So macht man schon in jungen Jahren viele Erfahrungen. – Sehen Sie das auch so? ✱

6. Schließlich braucht man eigenes Geld, um sich das kaufen zu können, was man will. – Wie beurteilen Sie das? ✱

Ü 17

1. In vielen Ländern herrscht noch die Großfamilie vor, d. h. Großeltern, Eltern und Kinder leben zusammen unter einem Dach. Wie denken Sie darüber? Wie ist das in Ihrem Heimatland? ✱

2. In Deutschland herrscht die Kleinfamilie vor, d. h. die Großeltern leben normalerweise alleine und nicht mit den Kindern und Enkelkindern zusammen. Wie finden Sie das? ✱

3. Was meinen Sie: Sollte man jung heiraten, oder sollte man nicht mehr so jung sein, wenn man heiratet? ✱

4. In Deutschland gehen immer mehr verheiratete Frauen arbeiten. Wie denken Sie darüber? ✱

5. In Deutschland verlangen immer mehr verheiratete Frauen, daß ihr Mann einen Teil der Hausarbeit übernimmt. Wie finden Sie das? ✱

6. Immer mehr Familien in Deutschland haben heute nur ein Kind oder gar kein Kind. Wie denken Sie darüber? Wie ist das in Ihrem Heimatland? ✱

7. Wissen Sie etwas darüber, wie deutsche Kinder aufwachsen? Was dürfen sie, was nicht? Was ist anders als in Ihrem Heimatland? ✱

8. Was meinen Sie: Welche Aufgaben können und sollten Kinder in der Familie übernehmen? Sollten sie z. B. im Haushalt helfen oder nicht?

9. Viele junge Leute in Deutschland sind der Meinung, daß man möglichst früh das Elternhaus verlassen und alleine leben sollte. Finden Sie das auch? Warum? / Warum nicht? ✱

10. Eltern können sagen „Das darfst du" oder „Das darfst du nicht". Finden Sie es richtig, daß Eltern ihren Kindern viele Dinge erlauben und verbieten können? ✱

Ü 18   1. Interessieren Sie sich für Sport? Wenn ja: Wie zeigt sich Ihr Interesse? Wenn nein: Warum nicht? ✻
2. Treiben Sie selbst Sport? Warum? Welche Sportart? / Warum nicht? ✻
3. Welche Rolle spielt bzw. spielte Sport bei Ihnen in der Schule? ✻
4. Was halten Sie von Profisport? D. h., wie finden Sie es, daß bestimmte Sportler heute sehr viel Geld verdienen? ✻
5. Glauben Sie, daß Sport immer gesund ist? Begründen Sie Ihre Meinung. ✻
6. Welche Sportarten sind in Ihrem Heimatland sehr populär? Worin zeigt sich das? ✻

zu 2.2 Fragen stellen

Ü 19   1. Frau Sauer ist der Meinung, daß Hobbys sehr wichtig für den Menschen sind. Fragen Sie sie einmal nach den Gründen für diese Meinung. ✻
2. Uli Wolf ist in den Ferien nicht mit seinen Eltern verreist, sondern war mit einer Jugendgruppe in Südfrankreich. Fragen Sie ihn doch einmal nach seinen Erfahrungen. ✻
3. Frau Gülich hat sich intensiv mit Problemen der Kindererziehung beschäftigt. Fragen Sie sie doch einmal, welche Meinung sie über Kindererziehung hat. ✻
4. Herr Herold hat selbst einmal Hochleistungssport betrieben und ist ein Gegner extremer sportlicher Leistungen. Fragen Sie ihn doch bitte einmal nach seinen Erfahrungen. ✻
5. Frau Dietrich hat kein Fernsehgerät zu Hause. Fragen Sie sie doch einmal nach den Gründen dafür. ✻
6. Ihr Freund Herbert hat sich entschlossen, sein Studium abzubrechen. Fragen Sie ihn doch einmal nach den Gründen für seinen Entschluß. ✻
7. Frau Merker hat lange Zeit im Ausland gewohnt. Fragen Sie sie doch bitte einmal nach ihren Erfahrungen. ✻
8. Herr Sturm meint, daß Computer gefährlich für die Entwicklung eines Kindes sein können. Fragen Sie ihn doch einmal, warum er diese Meinung hat. ✻
9. Deine Freundin Susanne wünscht sich zu Weihnachten nun doch keine Katze, sondern einen Puppenwagen. Frag sie doch einmal nach dem Grund für diesen Meinungswechsel. ✻
10. Herr Krull hat kein Auto. Er fährt aber viel Fahrrad. Fragen Sie ihn doch einmal nach den Gründen. ✻

Ü 20   1. Frau Bartsch hält es für wichtig, daß Kinder ein Musikinstrument lernen. Fragen Sie sie einmal nach den Gründen für diese Meinung. ✻
2. Herr Rhein verbringt seine Ferien immer in einer europäischen Hauptstadt. Fragen Sie ihn bitte einmal nach den Gründen. ✻
3. Frau Westhoff ist Expertin für gesunde Ernährung. Fragen Sie sie doch einmal nach ihrer Meinung zu diesem Thema. ✻

4. Frau Breit ist Kindergärtnerin. Fragen Sie sie doch bitte einmal nach ihren Erfahrungen mit diesem Beruf. ✻
5. Frau Danner liest ihren Kindern jeden Abend ein Märchen vor. Fragen Sie sie doch einmal nach den Gründen dafür. ✻
6. Herr Spreu hält es für wichtig, daß Schulkinder genügend Zeit zum Spielen haben. Fragen Sie ihn doch einmal nach den Gründen für diese Meinung. ✻
7. Frau Kienzle will sich einen Wohnwagen kaufen und in Zukunft nur noch Campingurlaub machen. Fragen Sie sie doch bitte einmal nach ihren Gründen. ✻
8. Herr Strauss meint, daß das Leben in der Großstadt sehr ungesund ist. Fragen Sie ihn doch einmal, warum er diese Meinung hat. ✻
9. Frau Luche vermeidet es, Fleisch zu essen. Fragen Sie sie doch einmal nach den Gründen dafür.
10. Fritz macht die Schule überhaupt keinen Spaß. Sie haben den Eindruck, daß er seinen Klassenlehrer Bieler nicht mag. Fragen Sie ihn doch einmal nach seiner Meinung über Herrn Bieler. ✻

Ü21 Also, ich finde, daß man eine ausreichend große Wohnung benötigt, um sich wohlzufühlen. Man verbringt sicher die Hälfte seines Lebens oder auch mehr in seiner Wohnung, und da sollte man sich auf keinen Fall beengt oder unwohl fühlen. Es ist auch wichtig, daß die Kinder möglichst ihr eigenes Zimmer haben. Nur so können sie frei und selbständig aufwachsen. Natürlich kostet eine große Wohnung etwas mehr, aber man kann ja bei anderen Dingen etwas sparen, z. B. bei der Kleidung. ✻✻

Ü22 Für mich ist es vor allem wichtig, daß ich im Grünen wohne und Ruhe habe. Das ist aber im Stadtzentrum nicht der Fall. Also ziehe ich es vor, außerhalb der Stadt in einem Vorort zu wohnen. Wenn ich abends von der Arbeit komme, fühle ich mich dann wie in den Ferien, und ich kann mich richtig erholen. In einem grünen Vorort hat man nicht nur Ruhe, sondern auch gute Luft. Natürlich ist es wichtig, daß es gute Verkehrsverbindungen in die Stadt gibt, denn ich will schnell ins Büro kommen und ab und zu auch abends ins Theater oder in ein Konzert gehen. Und dann müssen auch Geschäfte in der Nähe sein, daß man das Tagtägliche gut einkaufen kann. ✻✻

Ü23 Meine Eltern, die wollen immer in den Bergen Ferien machen, in Österreich oder der Schweiz. Wir wandern dann viel, sehen uns manche Sachen an und spielen nachmittags oder abends zusammen Karten oder andere Spiele. Inzwischen habe ich dazu aber keine Lust mehr. Ich möchte gerne einmal ans Meer fahren, vielleicht auf einen Campingplatz, wo ich andere junge Leute kennenlernen kann. Das ist doch viel besser. Man geht dann zusammen an den Strand, faulenzt und macht viel Quatsch. Und abends kann man etwas unternehmen, z. B. in eine Disco gehen oder am Strand ein Feuer machen und Musik hören. ✻✻

Ü24 Ich finde es schön, einen Hund oder eine Katze zu haben. Ich habe Tiere gern und spiele auch gern mit einem Tier. Tiere machen viele lustige Sachen, und das macht mir Spaß. Ich habe einen Hund, und den nehme ich zu meiner Freundin mit, oder wir gehen zusammen spazieren. Man kann in Bio auch von seinen Tieren erzählen. Eine Klassenkameradin hat ihren Hund sogar einmal mit im Unterricht gehabt. Ich finde allerdings, daß man für einen Hund oder eine Katze einen Garten braucht. Die Tiere wollen viel im Freien sein, nicht nur in der Wohnung. ✷✷

Ü 25 Ich finde es wichtig, daß man etwas lernt und dann später einen guten Beruf hat. Deshalb will ich auch noch länger auf die Schule gehen und das Abitur machen. Einige von meinen Klassenkameraden verlassen jetzt am Ende der 10. Klasse die Schule und wollen Geld verdienen. Sie sagen, daß sie dann selbständig sind, sich vieles kaufen können und nicht mehr von ihren Eltern abhängig sind. Aber wo können sie ohne eine gute Berufsausbildung Geld verdienen? Ich selbst will auf alle Fälle das Abitur machen, dann habe ich eine gute Basis für eine Berufsausbildung. Schließlich habe ich noch mein ganzes Leben vor mir, wo ich mit meiner Arbeit zufrieden sein muß. ✷✷

Ü 26 Also, ich finde Fernsehen ziemlich blöd. Natürlich, ab und zu kommt auch mal 'ne gute Sendung, etwas über fremde Länder, ein Popkonzert oder Sport, aber eigentlich ist es doof, vor dem Kasten zu sitzen und da reinzuschauen. Wenn wir mit meiner Clique zusammen sind, sehen wir nie fern. Wir trinken Tee, unterhalten uns und spielen auch interessante Spiele. Und oft sind wir auch unterwegs, machen Ausflüge oder eine Party. Wenn ich alleine bin, beschäftige ich mich mit meinen Hobbys oder treibe Sport. Beim Fernsehen kann man doch nichts unternehmen. Das ist was für ältere Leute, die nichts mehr machen und nur noch zu Hause rumsitzen. ✷✷

Ü 27 Die Kinder sollten ihre Hausaufgaben immer gleich machen, wenn sie aus der Schule kommen. Natürlich müssen sie sich erst ein bißchen ausruhen und auch etwas essen. Aber dann sollten sie sich gleich an ihre Hausaufgaben machen. Das hat nicht nur den Vorteil, daß sie sich noch gut daran erinnern, was sie in der Schule gemacht haben. Wichtig ist auch, daß sie dann bald mit den Hausaufgaben fertig sind und den Rest des Tages für andere Dinge frei haben: für ihre Freunde, für ihre Hobbys und fürs Spielen. ✷✷

zu 3. sich zu einem Bild äußern

Ü 28 Auf dem Bild sieht man drei junge Frauen. Sie sitzen an einem Tisch und haben gegessen. Eine der Frauen ist dunkelblond, die beiden anderen haben dunkle Haare. Vielleicht ist die dunkelblonde Frau links eine Deutsche, die beiden anderen könnten aus dem Süden sein, vielleicht aus Spanien oder Griechenland. Sie sitzen an einem Tisch im Freien. Wahrscheinlich in einem Restaurant, denn im Hintergrund erkennt man noch andere Tische, dort haben andere Leute gegessen. Es ist nicht sehr warm, es ist ein kühler Tag, denn sie tragen Pullover und Jacken. Ihre Kleidung ist nicht vornehm, sie ist sportlich, es ist Freizeitkleidung. Auch das Restaurant ist nicht sehr vornehm, die Stühle sind einfach, und auf dem Tisch ist eine Tischdecke aus Papier oder Plastik.
Bestimmt sind die drei Frauen Freundinnen; sie lachen und scheinen sich gut zu verstehen. Vielleicht erzählen sie sich etwas Lustiges, oder sie haben gerade etwas Lustiges gesehen.

Was machen die Frauen dort? Vielleicht machen sie an diesem Tag einen Ausflug, sie haben nämlich einen Fotoapparat dabei. Sie haben zu Mittag gegessen; es ist nämlich Tag, noch nicht Abend. Vielleicht sind sie mit dem Auto unterwegs und fahren bald weiter. Vielleicht fahren sie nach dem Essen nach Hause.

Ich glaube, sie sind nicht allein unterwegs, denn auf dem Tisch sind viele Platten, Teller und Speisereste. Und man erkennt auch, daß da noch andere Leute gegessen haben. Bestimmt sind sie mit ihren Freunden oder Männern zusammen unterwegs, so viel können sie gar nicht alleine gegessen haben. Vielleicht machen ihre Männer gerade etwas Lustiges, und deshalb lachen sie so.

Das Ganze sieht nicht sehr deutsch aus. Vielleicht ist das in einem Land im Süden, die blonde Frau macht dort Ferien und besucht die beiden anderen Frauen, die dort wohnen. Ja, sie machen zusammen Ferien, das könnte sein. Und das ist nicht in Deutschland. Dort gibt es nicht solche Restaurants, und man sitzt, wenn es kühl ist, dort auch nicht im Freien in einem Restaurant. Und das sieht alles sehr einfach aus, in Deutschland sind die Restaurants anders.

Das Bild gefällt mir, die Atmosphäre ist gut, und die drei Frauen sind sympathisch. Wenn ich mit meinen Freunden zusammen bin, dann machen wir auch Ausflüge und wir lachen auch viel ...

Quellenverzeichnis

Texte zum Leseverstehen

S. 38 f.   ,Der Schwimmer', nach Stern Nr. 33, 1982
S. 39 f.   ,Berufspläne', nach Berufswahl-Tips, Trends und Test, Taschenbuch der Commerzbank AG, Frankfurt am Main, ZAK, Jugendservice, Postfach 10 05 05, Frankfurt am Main 1
S. 42 f.   ,Irmgard', nach G + J/Brigitte Heft Nr. 16, 1985
S. 44   ,Weg von zu Hause'; Quelle konnte nicht ermittelt werden
S. 46 f.   ,Frisbee', nach Süddeutsche Zeitung 1. 8. 1985
S. 47 f.   ,So viele Unfälle" nach Frankfurter Allgemeine Zeitung, 8. 12. 1987
S. 51 f.   ,Ausreißer", nach G + J/Brigitte Heft Nr. 18, 1983
S. 92   Anzeige aus Abendzeitung München, 25./26. Jan. 1992, mit freundlicher Genehmigung der Firma Mac Fash, Unterföhring

Texte zum Hörverstehen

S. 109   ,Nachrichten': Bayerischer Rundfunk, Bayern 2, 4. 5. 1989
           ,Partnersuche im Radio': Radio Gong 2000, 5. 9. 1989
S. 110 f. ,Telefonischer Anrufbeantworter': der Gemeinschaftspraxis Dr. Wander, München
S. 112   ,Studentenzimmer': Bayern 2, 5. 9. 1989
           ,Sabines neues Fahrrad': Bayern 2, 23. 9. 1989
           ,Verkehrsdurchsage': Radio Gong 2000, 15. 2. 1990
S. 115   ,Oldie vor sieben': Radio Gong 2000, 19. 2. 1990
           ,deit-Werbung': Radio Gong 2000, 22. 2. 1990
S. 116   ,Alpenzerstörung': Bayern 4, 5. 9. 1989
S. 116 ff. ,Taxifahrerin': Bayern 2, 20. 1. 1990
S. 118   ,Opel Omega': mit freundlicher Genehmigung der Firma Opel AG, Rüsselsheim
           ,Sorgentelefon': Gong 2000, 19. 2. 1990
S. 119   ,Flohmarkt': Quelle unbekannt
S. 121   ,Fußball-Weltmeisterschaft' nach Radio Arabella, 20. 6. 1990
S. 121 f. ,Nachrichten': Bayern 2, 26. 1. 1990
S. 124   ,Die entlaufene Katze': Radio Gong 2000, 15. 9. 1989
S. 125 f. ,Gymnastik-Übung': Bayern 2, 14. 9. 1989, von Dagmar Sternad

Trotz intensiver Bemühungen konnten nicht alle Rechteinhaber ermittelt werden. Für Hinweise ist der Verlag dankbar.